Monika Czernin

Jeder Augenblick ein Staunen

Monika Czernin

Jeder Augenblick ein Staunen

Vom Abenteuer,
mit einem Kind zu wachsen

Mit einem Vorwort von Remo H. Largo

Walter Verlag
Zürich und Düsseldorf

Die Deutsche Bibliothek – CIP-Einheitsaufnahme

Czernin, Monika:
Jeder Augenblick ein Staunen: vom Abenteuer,
mit einem Kind zu wachsen / Monika Czernin.
Mit einem Vorw. von Remo H. Largo –
Zürich; Düsseldorf: Walter, 1999
ISBN 3-530-60053-9

2. Auflage 1999

Druck und Bindung: Clausen & Bosse, Leck
ISBN 3-530-60053-9

Inhalt

Für meine Tochter
und meine Eltern

Vorwort

Mutter eines Kindes zu sein ist ein überwältigendes Erlebnis, stellt aber die vielfältig interessierte Frau auch immer wieder vor schier unlösbare Aufgaben. Monika Czernin hat die Erfahrungen, die sie mit ihrer Tochter während deren ersten zwei Lebensjahren gemacht hat, in Tagebuchform wunderbar festgehalten.

Überwältigend sind diese Erfahrungen, weil sie nicht voraussehbar sind. So ist die junge Mutter nach der Geburt überrascht, wie sie von ihrem Kind förmlich eingesogen wird. Erstaunt stellt sie fest, daß sie mit größter Aufmerksamkeit die feinen Augenwimpern, die spärlichen Kopfhärchen, die Fingerchen und die winzigen Fingernägelchen betrachtet. Der Duft der Babyhaut löst bei ihr ein unerwartetes Wohlbefinden aus. Das Kind macht ihr Leben sinnlicher. Als Helena eines Nachts erbricht und um Atem ringt, machen Verlustängste der Mutter schlagartig bewußt, wie stark sie sich an das Kind gebunden hat und wie sehr das Kind ein Teil ihrer Person geworden ist.

Monika Czernin lebt, wie sie selbstkritisch feststellt, materiell und in bezug auf die soziale Unterstützung, die sie erhält, in einer privilegierten Stellung. Gelingt es ihr, das Kind-oder-Karriere-Problem zu lösen? Kann sie dem Baby, ihren beruflichen Interessen und ihrem Privatleben sowie dem Haushalt gerecht werden? Als sie sich einige Literaturangaben beschaffen will, muß sie feststellen, daß sich Kindergeschrei mit der Grabesstille einer Universitätsbibliothek nicht verträgt. Sie muß auch einsehen, daß sich der Lebensrhythmus eines Kindes und das hektisch kreative Chaos einer Redaktion gegenseitig ausschließen. So entschließt sie sich, zu Hause zu arbeiten. Als Helena sich im Verlaufe des zweiten Lebensjahres zunehmend für ihre Arbeit interessiert, richtet sie ihr eine Schreib- und Zeichenecke neben dem eigenen Schreibtisch ein. Die Schattenseiten ihres Mutterseins werden für sie vor allem in der Öffentlichkeit spürbar: Auf die Meinung einer Mutter wird keinen Wert mehr gelegt und von ihr auch nichts Produktives mehr erwartet.

Erfahrungen führen zu Einsichten: Unzureichende Verfügbarkeit der Mutter führt zu Streß bei Mutter und Kind. Wie viel oder wenig unzureichend ist, bestimmt dabei das Kind und nicht die Mutter. Es gibt keinen «effizienten und zeitsparenden» Umgang mit einem Kind. Kleideranziehen kann ein spielerisches Vergnügen sein, unter Zeitdruck wird es zu einem unangenehmen Machtkampf. Nach einem Kind zu schauen ist keine Nebenbeschäftigung.

Die junge Mutter sieht ein, daß sie sich vom Kind vereinnahmen lassen muß, wenn sie der kleinen Tochter gerecht werden und sich als Mutter wohl fühlen will. Der Lohn ist ein Mitschwingen mit dem Kind: «Wenn man sich ganz auf sein Kind einstellt und sonst nichts erreichen will, kann man die Seele auf ganz besondere Art baumeln lassen.» Sie muß aber auch einsehen, daß dies nicht immer gelingt, vor allem dann nicht, wenn sie ihre eigenen Interessen nicht ausreichend befriedigen kann.

Das Kind löst anfänglich von Woche zu Woche, später von Monat zu Monat seine Entwicklungsaufgaben. Monika Czernin lernt über das Wunder «Kind als Entwicklungswesen» zu staunen. Sehr einfühlsam beschreibt sie, wie sich Helena das Krabbeln und die ersten sprachlichen Fähigkeiten aneignet. Genauso wie die Tochter sieht sie sich als Mutter vor immer neue Entwicklungsaufgaben gestellt. Checklisten, wie sie in Erziehungsratgebern für den Umgang mit dem Kind zu finden sind, gibt es dafür nicht. Immer wieder muß sie ihre eigenen Bedürfnisse und diejenigen ihres Kindes neu einschätzen und eine Balance zwischen Nähe und Distanz finden.

Ein gutes Tagebuch enthält individuelle Erfahrungen und detaillierte Beschreibungen. Überraschende Einsichten gehören genauso dazu wie das Festhalten der Banalitäten des Alltags. Ein Tagebuch ist nie umfassend – auch dieses enthält Lücken und Aussparungen, die den Leser zum Nachdenken anregen werden.

Monika Czernin hat dieses Buch geschrieben, damit ihre Tochter später einmal lesen kann, wie es ihr als Mutter ergangen ist und wie es vielleicht ihr selbst einmal ergehen wird. Genauso möchte ich seine Lektüre angehenden und jungen Eltern und allen empfehlen, die sich für die Befindlichkeit einer jungen Mutter interessieren und sich am Zusammenleben von Kind und Mutter erfreuen können.

Remo H. Largo

Einleitung

Ist die psychische Energie des Kindes einmal geweckt, entwikkelt sie sich nach ihren eigenen Gesetzen, und zwar auf eine Weise, daß sie auch auf uns zurückwirkt. Die Tatsache, neben einem menschlichen Wesen zu leben, das sich so entwickelt, kann für uns zu einer neuen Energie werden. Das Kind, das sich harmonisch entwickelt, und der Erwachsene, der in seiner Nähe ein höheres Niveau erreicht, sind ein sehr begeisterndes und anziehendes Bild.

(«Die Macht der Schwachen» von Maria Montessori. In: Wie Kinder zu Konzentration und Stille finden, Herder, Freiburg 1998, S. 74 ff.)

Unter den Geschenken, die ich zur Geburt meiner Tochter bekommen habe, fand sich ein dünnes großformatiges Buch: Babys erstes Tagebuch. Alles darin war vorgegeben: Auf der ersten Seite, die mit rosafarbenen Blümchen umrankt war, sollte man Name, Geburtsdatum und -zeit, Geburtsgewicht und -länge, den Namen der Hebamme und der Geburtsärztin eintragen. Auf der nächsten Seite waren fünf Zeilen für die Taufe vorgesehen, danach eine Tabelle, in die man die Gewichtszunahme und das Wachstum notieren sollte, dann eine Seite über das Stillen, und weiter hinten war Platz für Eintragungen zu den «Lieblingsspeisen meines Babys» und vier Zeilen über «unseren ersten Ausflug ins Grüne». Diese kindisch aufgemachten, klischeehaften Notate sollten «Babys erstes Jahr» für alle Zeiten in Erinnerung halten.

Es war ungefähr so, als hätte mir jemand zur Hochzeit ein «Tagebuch für die Ehe» geschenkt, mit vorgestanzten Zeilen für den Tag der Eheschließung, Name des Pfarrers, Anzahl der Gäste etc. Dann Rubriken wie «die Lieblingsspeisen meines Mannes» oder «welche Krawatten mein Mann am liebsten trägt!», daneben vorgezeichnete Exemplare, in die Muster mit Buntstift eingemalt werden können.

Die Kleinfamilie «Mutter-Vater-Kind» hat einen enormen Informationsbedarf; Mütter erlernen das Muttersein heute meist nicht mehr von ihren Müttern und im Verband einer großen Familie, sondern aus Büchern. Die vielen Werke über Neugeborene und Babys, die *ich* gefunden habe, sind Sachbücher, Nachschlag- und Ratschlagwerke und profunde Fachliteratur zur Entwicklungspsychologie des Kleinkindes. Was mir in meiner Büchersammlung jedoch abging, war ein Tagebuch über die Entwicklung der Beziehung einer Mutter zu ihrem Neugeborenen. Ein Buch, das weniger die großen Belastungen erklärt, die das Leben mit einem Baby und Kleinkind mit sich bringen – denn darüber ist wahrlich schon genug geschrieben worden. Nein, es sollte ein Buch sein über die alltäglichste Liebesgeschichte der Welt, eine Liebesgeschichte, die anders ist als die zwischen Mann und Frau und die doch die erste ist, die jeder von uns erlebt hat.

Allerdings sollte das Buch nichts mit dem Babytagebuch gemein haben, das ich zur Geburt bekommen hatte. Statt dessen legte ich mir kleine, in Leder gebundene Büchlein mit vielen leeren Seiten zu …

München, 11. Oktober 1996

Das Beziehungsabenteuer beginnt

Zwölf Stunden bist Du nun auf der Welt. Dein erster Tag hat begonnen. Sie haben Dich in ein kleines gläsernes Bettchen gelegt, damit ich Dich sehen kann, ohne mich über Dich beugen zu müssen. Jetzt wachst Du auf, öffnest ganz langsam die Hände, rekelst Dich und schlägst Deine dunklen Augen auf. Fremd bist Du mir. Aber es geht ein Zauber von Dir aus, der mich nach und nach in seinen Bann zieht. Bist Du ein hübsches Baby? Es heißt doch, daß alle Mütter beim Anblick ihres Nachwuchses ganz verklärt sind und *ihr* Baby am schönsten finden.

Als ich Dich gerade aus dem Kinderzimmer geholt habe, fand ich Euch alle interessant: entsetzlich kleine, zerbrechlich wirkende Menschen mit den Gesichtszügen von Hundertjährigen und winzigen, verschrumpelten Händen. Wesen wie von einem anderen Stern, die von Ruhe ausstrahlenden weißen Frauen in Puppenstrampelanzüge gesteckt und mit Namensschildern um die Handgelenke versehen werden.

Da liegst Du nun mit Deinem rosafarbenen Plastikarmband. Name, Geburtstag und Geburtsstunde sind darauf vermerkt. Kaum auf der Welt, bist Du auch schon registriert, Futter für diverse Datenbanken, ein neuer Staatsbürger und ein heranwachsender Kunde. Name, Geburtstag, Geburtsstunde. Das wird Folgen haben. Ich sehe schon die Postwurfsendungen diverser Babyausstattungsfirmen und Konservenkosterzeuger vor mir: «Dürfen wir zur Geburt der Kleinen gratulieren.» «Ein kleines Empfangsgeschenk soll den Popo Ihres Babys samtig weich erhalten.» «Probieren Sie die Frühkarotten. Schon ab der sechsten Woche!» Die Beamten auf dem Standesamt, Einwohneramt, Konsulat und in der Kirchengemeinde haben schon Papier in ihre klapprigen Schreibmaschinen geklemmt, und im Nu haben sie aus Dir einen weiteren verwalteten Erdenbürger gemacht.

Kaum hatte ich verkündet, daß ich Dich erwarte, brach ein wahrhafter Sturm der Anteilnahme aus. Man nahm natürlich an, daß mir die bedrohlich zunehmende Unförmigkeit meines Körpers ausschließlich Glücksgefühle bereiten würde. Mit einem Lächeln, das mehr zu verbergen als zu eröffnen sucht, erzählten mir die meisten Mütter *ihre* Schwangerschafts- und Geburtsgeschichten, durch den dicken Bauch in geradezu Pawlowscher Manier hervorgerufen.

Keine von ihnen erzählte, was wirklich in ihr vorgegangen war, und keine wollte etwas Näheres über unsere Geschichte erfahren. Die meisten wirkten, als würden sie vor sich selbst fliehen, als wollten sie nicht an den Ausnahmezustand erinnert werden, den Schwangerschaft, Geburt und die ersten sechs Lebensmonate eines Kindes bedeuten. Ich schwankte schließlich selbst zwischen Flucht und Begeisterung hin und her.

Auch deshalb will ich Dir die Geschichte Deiner ersten beiden Lebensjahre erzählen. Versprich mir, daß Du Dich nicht verwirren läßt, wenn Du selbst einmal ein Kind bekommen solltest. Überhöre Deine eigene Stimme nicht, und verzichte nicht auf Deine Intuition. Vielleicht schreibst auch Du Deiner Tochter auf, wie Du ihr Dein Herz geöffnet hast. Und noch etwas: Vergiß nicht, daß unsere Geschichte nur eine unter vielen täglich stattfindenden Beziehungsabenteuern zwischen Müttern und ihren Kindern ist.

• • •

München, 12. Oktober 1996

Du kleines Fünkchen Leben

Du bist überraschend schnell in die gerade erst begonnene Beziehung zwischen Deinem Vater und mir getreten. Leichtsinnig könnte man sagen, oder schicksalshaft. Schon eine Weile war mir beim Gedanken, schwanger zu werden, nicht mehr ausschließlich bang. Die Vorstellung begann mir zu gefallen, und ich musterte die kleinen Kinder an den Händen ihrer Mütter, wenn ich morgens durch die Straßen eilte. Dann, an einem strahlenden Wintertag, bestätigte der Arzt meine Vermutung, und ich mußte wieder und wieder über mich lachen. Hatte ich mich also endlich ausgetrickst? Hatten die verborgenen Sehnsüchte endlich ihr Ziel gefunden? Ich freute mich, meldete im Sekretariat der Redaktion, daß ich heute nicht mehr arbeiten würde, und wanderte mit meinem kleinen Geheimnis durch die Stadt.

Als ich am Abend mit Deinem Vater telefonierte, um ihm die Neuigkeit mitzuteilen, meinte er: «Auch gut.» Er stellte mit einiger Verwunderung fest, daß auch er sich freute, sogar sehr freute und daß die befürchteten Panikreaktionen ausblieben.

Anderentags kamen mir aber doch Zweifel: Warum gerade jetzt? Ist mein Leben nicht gänzlich erfüllt? Bisher ist mir doch auch nichts abgegangen. Wo bleibt dann noch Zeit für mich, wenn ich eine eigene Familie gründe? Ich würde nicht mehr die Tür hinter mir zumachen, die Welt mit ihrem Trubel, ihrem Geschrei und ihren Zwängen aussperren können. Vielmehr würde sich alles in meinen vier Wänden abspielen. Ich begann die ganze Sache als «hostile take-over» zu sehen. Dieses Wort aus der Wirtschaftswelt, wenn eine Firma eine andere wider ihren Willen übernimmt, schluckt oder sich mit ihr vereinigt, paßte ganz gut auf meine Situation.

Einmal sagte ich zu einem Gratulanten, daß schwanger sein sich so anfühle, als hätte man einen Parasiten im Bauch, der in Windeseile größer werde. Der arme Mann. Ich sehe ihn noch vor mir, wie sein höfliches Lächeln erstarrte und er räuspernd das Thema wechselte.

Andererseits: Dein erstes Ultraschallbild steckte vorne in meinem Terminkalender, und obwohl Du darauf nur als Punkt zu sehen warst, kamen mir immer Freudentränen, wenn ich Dich anschaute, Du, kleines Fünkchen Leben.

• • •

München, 13. Oktober 1996

Geburtsschock

Deine Großmutter meinte, daß Du glücklich aussiehst, als sie Dich zum ersten Mal aus der Wiege nahm. Ich weiß aber, daß Du immer wieder erbrichst und oft keine Luft bekommst. Wahrscheinlich fühlst Du Dich ganz elend. Ist der Schock, auf dieser Erde gelandet zu sein, nicht weit größer als der Schock, geboren zu haben? Was weißt Du noch von diesem Ereignis? Hattest Du auch Schmerzen?

Der Tag, den Du Dir für Deine Ankunft auf der Welt ausgesucht hast, war unfreundlich. Es regnete unentschlossen den ganzen Tag vor sich hin. Ich hatte zunehmend Schmerzen. Irgendwann waren sie so überwältigend, daß ich sofort ins Spital wollte. Dort überantwortete ich mich der Hebamme, den Ärzten und ihren Ritualen. Endlich, die Geburt war schon fast überstanden, griff die Schmerzspritze.

Der Geburtsschmerz zählt zum Schlimmsten, was eine Frau erleiden kann. Dennoch kenne ich Frauen, die lieber Kinder gebären, als zum Zahnarzt zu gehen, und solche, die Schmerzspritzen ablehnen, weil sie das rauschhafte Erlebnis der Geburt nicht missen wollen. Ich weiß aber auch von Müttern, die ihr zweites und drittes Kind verloren und das Gefühl hatten, ihre Angst vor der Geburt sei daran schuld gewesen. Auf mich wirkten die Schmerzen verheerend. Ich glaubte, die Kontrolle zu verlieren oder das Bewußtsein oder einfach zu sterben. Ich konnte mich gar nicht mehr auf Dein unmittelbar bevorstehendes Ankommen freuen.

Einen Monat vor der Geburt hatte ich einen Traum: Ich wurde auf mittelalterliche Weise gefoltert. In alle vier Himmelsrichtungen zogen Pferde meine Arme und Beine. So, träumte ich, würde sich die Geburt anfühlen. Tut sie auch. Ehrlich gesagt, habe ich den Verdacht, daß Frauen einander nicht die Wahrheit erzählen. Sie beschönigen, reden den Schmerz klein, lenken vom Thema ab. Dir hat man wohl auch vergessen zu sagen, daß nach den neun Monaten in paradiesischer Schwerelosigkeit ein unsanfter, gefährlicher Weg durch einen engen Tunnel wartet und daß es dann kein Zurück mehr gibt.

Noch etwas zu den Schmerzen. Hinterher, so erklären einem viele Mütter, hätte man die Schmerzen sofort vergessen. Was für ein Mythos, sage ich Dir. Ich werde diese Schmerzen nie vergessen. Auch nicht die himmlische Freude, als Du dann mit der letzten Preßwehe aus meinem Körper herausgespült wurdest. Es war, wie wenn ein Damm bricht, Aufgestautes sich befreit. Du, bläulich glänzendes Menschenkind, lagst plötzlich zwischen meinen Beinen.

Was für einen detailverliebten Schöpfer Du hast. Eine Präzisionsarbeit, wie er jede Wimper eingepflanzt und anmutig gebogen hat, die flauschigen dunklen Haare angebracht und die kleinen Fingernägel geformt hat.

Dick eingepackt und unter meiner Decke wurden wir durch die spärlich beleuchtete Baustelle zwischen der Entbindungsstation und der Neugeborenenabteilung gefahren. Abenteuerlich beginnt Dein Leben, dachte ich befriedigt und staunte über die Schutthalden und aufgestemmten Wände.

• • •

München, 14. Oktober 1996

Fräulein Studienrätin

Soeben bin ich von meinem ersten Spaziergang vor die Tore der Frauenklinik zurückgekehrt. Es ist ein vollendeter Herbsttag, einer jener seltenen Nachsommertage, an denen die Luft klarer und der Himmel blauer als an allen anderen Tagen des Jahres ist. Alles, vor allem die gelbrotbraunen Herbstblätter, schillert und glänzt im grellen Sonnenlicht. Eine Licht- und Farbsymphonie ohnegleichen.

Ich bin auf den nahe gelegenen Friedhof gegangen und habe dort, stell Dir vor, das Grab Deines Ururgroßvaters entdeckt. Er war ein berühmter Münchner Erzgießer. Er hat auch seinen Grabstein selbst entworfen, der einen würdigen alten Herrn im Kreise seiner nahen Verwandten zeigt. Es ist ein geheimnisvoller Friedhof, der längst vergangene Geschichten erzählt, denn heute wird hier niemand mehr beerdigt. Viele berühmte Männer ruhen hier: Regierungsbeamte, Naturforscher, Kammermusikdirektoren und viele, viele Frauen jener Männer, die es zu Ansehen und Position gebracht haben: Kammermusikdirektorsgattinnen, Hofratsgattinnen, Stadtkämmerersgattinnen …

Nur wenige Frauen sind auf diesem Friedhof nicht bloß als Anhängsel ihres Gatten begraben. Nur eine Kammerschauspielerin und eine Studienrätin. Letztere blieb freilich ein Fräulein, denn studiert sein, heiraten und gebären war um die Jahrhundertwende noch kaum denkbar. Du hast Zeitpunkt und Ort Deiner Geburt glücklich gewählt. Stell Dir vor, Du wärest im Iran zur Welt gekommen. Deine Welt wäre dann auf den beengenden Raum der Familie beschränkt, und schon bald würden sie Dir das Gesicht mit dunklen, heißen Stoffen verhüllen.

• • •

München, 15. Oktober 1996

Sonnenlicht und Schmerzgewitter

Gestern abend sind Dein Vater und ich in unser Stammlokal gegangen. Ich trug ein mir jetzt viel zu enges Kleid aus dem Winter vor der Schwangerschaft. Ich hatte mich sehr auf diesen Ausflug aus der Klinik gefreut. Als Dein Vater und ich durch die erleuchtete Stadt gefahren sind, kam sie mir wie neu geputzt vor.

Die Scheinwerfer der Autos, die herbstlichen Bäume, die glitzernden Schaufenster, die blinkenden Sterne am Himmel, alles wirkte aufregend. Ganz klar: *Ich* war jemand anderer geworden.

Währenddessen hast Du friedlich im Kinderzimmer geschlafen. In der Nacht holte ich Dich dann wieder zu mir. Kurz nur war die scheinbare Freiheit von dem neuen Angebunden-Sein: Stillen, Wickeln, Schlafen, und das im Drei-bis-vier-Stunden-Takt. Zwar gibt es jede Menge Hebammen und Schwestern, die uns in den ersten drei Tagen zur Seite stehen, aber die Umstellung bleibt gewaltig. Von heute auf morgen habe ich für ein völlig hilfloses, sehr bedürftiges Wesen rund um die Uhr zu sorgen und eigene Bedürfnisse vorerst gänzlich zu vernachlässigen.

Doch ich habe Glück. Statt der Wochenbettdepression überkommt mich die Wochenbetteuphorie. Du bist ein motivierender Partner: sehr genügsam, sehr ruhig, und mittlerweile scheinst Du wirklich zufrieden über Deine Ankunft auf der Welt. Von Dir geht Gelassenheit, Ruhe und Feinfühligkeit aus, alles wird davon erfaßt und scheint wie in goldenes Sonnenlicht getaucht. Oft sitze ich im Yogasitz auf dem Bett, schaue zu Dir hinüber und genieße diesen kostbaren Augenblick. Selten konnte ich den Tanz der Schöpfung, das ewige Fließen und Getragenwerden so gut nachfühlen.

«Es ist keine Kunst, aber Sie müssen alles ruhig angehen», sagte mir eine der Kinderschwestern, als wir Dich heute früh zum ersten Mal badeten. Wie recht sie hat. Nichts ist am Arbeitsplatz «Mutter eines Neugeborenen» schädlicher als Leistungsdruck und Hektik. Dabei würde die Aufgabenstellung, ein so kleines, zartes, kaum aufgewachtes Menschenkind zu baden, den meisten Büroangestellten Schweißperlen auf die Stirn treiben. Während aber im Büroalltag Streß zum guten Ton gehört und seine Folgen meist nicht gleich sichtbar werden, ist es hier anders. Sofort würde Deine Ausgeglichenheit leiden. Also nehme ich mir vor, so gut es geht, Ruhe und Gelassenheit auszustrahlen.

Am Nachmittag mußten sie Dir Blut abnehmen – die Ärzte natürlich. Sie meinen es gut mit Dir, aber sie stechen Dir in die rechte Ferse und drücken kleine Blutstropfen in zehn saugfähige Löschpapierfelder. Die fertige Blutkartei wird dann zur Untersuchung ins Labor geschickt. Sie tun Dir weh, reißen Dich aus dem Schlaf und schockieren Dich schrecklich. Ich könnte auch draußen warten, doch dann würde ich noch viel mehr leiden. So kannst Du wenigstens an meinem kleinen Finger nuckeln.

Anschließend stille ich Dich. Das Schmerzgewitter in Deinem Inneren legt sich und wird von sanften, warmen Wellen abgelöst. Etwa so mußt Du das Ereignis wahrnehmen, denn alles, was Du mit Deinem Körpergeist erfährst, erzeugt bei Dir wahre Stürme an Empfindungen. Die Gegenstände und Menschen nimmst Du ja bloß ganz schemenhaft wahr. Auch kannst Du noch nicht zwischen Dir und der Außenwelt unterscheiden. So glaubst Du zum Beispiel, daß meine Brust eine wohltuende Verlängerung Deines Körpers ist. Für Dich gibt es noch kein Gestern und Morgen, sondern nur das, was unmittelbar geschieht.

Hast Du deshalb den Schmerz von heute nachmittag schon wieder vergessen, oder bildet er den Anfang einer unausweichlichen Kette von Schmerzerinnerungen, die das Leben auch für Dich bereithält? Weißt Du, mein Süßes, ohne Schmerzen wären die Menschen auf dieser Welt nicht fähig, Freude zu empfinden. Das ist das Gesetz: ohne Schatten kein Licht, ohne Trauer kein Glück, ohne Tod kein Leben.

• • •

München, 16. Oktober 1996

Der Duft der Babyhaut

Man weiß, daß Mutter und Baby einander an ihren Gerüchen erkennen. Ein Neugeborenes wendet seinen Kopf zu jener Seite, wo ein Wattebausch mit der Milch *seiner* Mutter liegt. Und Mütter können allein am Geruch der Kopfhaut ihr Baby unter Hunderten anderen Neugeborenen ausfindig machen. Doch die Biologie greift zu kurz. Es ist nicht bloß das eigene Kind, es ist auch einfach der unverbrauchte Körper, der frische Atem, das neue Leben, das so gut riecht.

Immer wieder könnte ich meine Nase in Deine flauschigen Haare stecken und schnüffeln. Es ist ein so anderes Erlebnis, als Deinen Vater zu umarmen. Er riecht nach den herben Gerüchen der Stadt, nach seinem würzigen Aftershave, nach Büroalltag und Zigaretten. Wir beide hingegen duften nach Babyhaut und Muttermilch, nach Schlaf und Säuglingszimmer.

Doch nun, mein Kind, verlassen wir den Schonraum Klinik. Gerade eben habe ich mir ein Straßenkleid angezogen. Schade, daß man uns hier nicht mehr behalten will. Ich habe dem Chefarzt bei der Visite erklärt, daß er eines der besten Erziehungsinstitute leitet. Sein Lehrpersonal, all die Hebammen, Kinderschwestern und Geburtshelferinnen, haben wirklich eine gute Hand mit Anfängermüttern. Bei diesen Frauen sind alle Fragen erlaubt, kein Fehler wird getadelt, überall wird positiv motiviert. Wen soll ich zu Hause fragen, wenn Du fürchterlich weinst oder nicht trinken willst? Wie soll ich die hier erlernte Ruhe bewahren?

Dein Vater und Deine Großmutter sind gekommen. Warm verpackt nehme ich Dich auf den Arm, Großmama ist hinter dem großen Strauß roter Rosen kaum zu sehen, und Dein Vater schleppt die Taschen. Immer wieder halten wir an, und einer läuft vor, um diesen Auszug zu fotografieren. Ich male mir einen Triumpfzug aus. Rechts und links applaudierende Menschen, ein mit Blumen gestreuter Weg, prunkvolle Gewänder und sanfte Klänge. Doch wenn ich mich umschaue, sehe ich die grauen Klinikmauern, spüre mein um Bauch und Hüften spannendes Kleid und blicke auf das Chaos der Taschen und Plastiksäcke. Nur unsere Gesichtszüge wären um nichts stolzer, wenn wir hoch zu Roß in das eroberte Rom einziehen würden.

Dein neues Zuhause scheint Dir nicht fremd. Ist es Dir ja auch nicht. Du kennst ja die Atmosphäre und die Geräusche. Nur hörst Du jetzt besser. Nichts ist mehr durch die Bauchwand und das Glucksen meines Magens verzerrt, und das Licht und sein Spiel sind jetzt greller. Du mußt Dich ganz auf Deine Gefühle und Dein Vertrauen verlassen, armes Wesen. Stell Dir vor, manchen Müttern macht die Verantwortung für einen Säugling plötzlich solche Angst, daß sie ihr Neugeborenes in einer Telefonzelle abstellen, vor die Tür von Fremden legen oder gar in den Bach kippen. Erst nach und nach – durch Hunger und Kälte wohl – wird diesen kleinen Wesen bewußt, daß ihr Vertrauen ins Leere greift.

• • •

München, 19. Oktober 1996

Der Pakt

Wieder zu Hause zu sein erinnert mich an die Schwangerschaft, eine Zeit voller Überraschungen, einer nicht gekannten Sensibilität und einer verrückten Wahrnehmung der Welt, die ich bislang schon gut zu kennen glaubte: Nur wenige Tage vor Deiner Geburt verlor die Engländerin Mandy Allwood ihre Achtlinge. Die Ärzte hatten ihr den traurigen Ausgang ihrer Schwangerschaft prophezeit und sie beschworen, einen Teil der Kinder abzutreiben, um zumindest einigen das Leben zu retten. Doch sie wollte nicht entscheiden, welche Embryos leben und welche sterben sollten. Überdies hatte sie ihre rekordverdachtige Geschichte einer englischen Boulevardzeitung verkauft.

Für jedes lebende Kind hätte sie 300 000 DM bekommen.

Als ich zum ersten Mal davon hörte, warst Du ein sieben Monate altes, bereits lebensfähiges Embryokind. Ich hatte eine schreckliche Wut auf die Zeitung *und* auf die Mutter. Wie kann man das Schicksal für Geld so herausfordern? Als ich jedoch Mandy bei einem Interview sah, schien mir ihre Freude über die acht Kinder größer als ihre Geldgier, und so kapitulierte mein analytischer Verstand vor einer neuen Leidenschaft – der Mutterliebe. Als die Nachrichten dann den Tod der Achtlinge sendeten, weinte ich wie ein Schloßhund. Die ganze Zeit hatte ich mit Mandy Allwood gebangt und gehofft. Ausnahmsweise, dachte ich, sollte Gott ein Wunder geschehen lassen. Zwar hätte so auch der verlogene Boulevardjournalismus einen Sieg davongetragen. Doch der Tod der kleinen Wesen, unmittelbar vor Deiner Geburt: Das war ein kaum zu verkraftender Schock.

Als ich im achten Monat war, erklärte mir ein Taxifahrer, daß ich nicht bestraft werden würde, wenn ich ihn jetzt ausraube. So schätze der Staat schwangerschaftliche Zurechnungsfähigkeit ein. Ob's wahr ist oder bloß dummes Machogeschwätz? Ganz absurd erscheint es mir nicht. Denn eine Schwangerschaft ist doch eine ziemlich große körperliche und seelische Belastung.

Ich schloß mit Dir einen Pakt: Wenn Du Dich sechs Monate auf meinen Rhythmus einläßt, dann würde ich mich den Rest der Schwangerschaft auf Deinen Rhythmus einstellen. Gesagt, getan. Bis Juni absolvierte ich meinen Zwölf-Stunden-Arbeitstag anstandslos und reiste jedes Wochenende zu Deinem Vater. Ab Juli warst Du an der Reihe: Du zwangst mich, genug zu schlafen, Rad zu fahren, mehrmals in der Woche zur Yoga-Lehrerin zu eilen und wenig zu arbeiten. Versuchte ich mich dagegen zu wehren, stand ich sofort am Rande eines Nervenzusammenbruchs.

Ich heulte ohne sichtbaren Grund. Die Sekretärin, selbst eine junge Mutter, hielt für solche Augenblicke stets mehrere Pakete Taschentücher bereit. Die Chefs, meist Auslöser dieser Tränenattacken, wußten nicht, wie ihnen geschieht. Manchmal hatte ich Mitleid mit ihnen, waren sie doch als fortschrittlich gesinnte Männer auf den Deal eingegangen, mich trotz Schwangerschaft einzustellen. In ihrem Bild von emanzipierter Mutterschaft fehlte aber ein Platz für Schwäche, Sensibilität, Langsamkeit und Aus-dem-Bauch-heraus-Leben. Während sie unvermindert viel Leistung verlangten, lernte ich reumütig die biederen Mutterschutzbestimmungen auswendig.

Die eigenen Grenzen zu respektieren war eine Sache. Die spannendere war der seelische Wandel, den ich zunächst in meinem Beruf zu spüren bekam. Überdeutlich stach mir plötzlich die Verlogenheit des Journalismus ins Auge. Viele angeblich der Information dienende Geschichten wirkten bei schwangerer Betrachtung nur noch wie sensationslüsterne Unterhaltung. Diente etwa der Artikel über die Klimaveränderung, an dem ich gerade schrieb, der Aufklärung, oder war sein nicht eingestandenes Ziel vielmehr, die Angst der Leser vor der Zukunft zu schüren?

Zufällig hörte ich eine Radiodiskussion über das Buch «Ökooptimismus». Die Autoren versuchen darin darzulegen, wie sich die Situation der Umwelt in den letzten Jahren verbessert hat, und ermahnen, nicht weiterhin die Apokalypse an die Wand zu malen. Das eigentlich Spannende an der Sendung aber war nicht die Diskussion zwischen Befürwortern und Gegnern dieser These, sondern die Meinung der Hörer, die im Studio anriefen. Sie alle hätten den Autor am liebsten in ein dunkles Verließ mit schalldichten Mauern verbannt, so aufgebracht waren sie über seine Thesen. Denn sie selbst würden doch täglich am eigenen Leib das Gegenteil erleben, nämlich daß alles immer schlechter werde.

Sie waren wie Zombies, gewohnt, sich von Angst zu ernähren und ihrem Dasein durch Haß, Neid und Streitlust einen Sinn zu geben. Nun fühlten sie sich von einem ihrer Nahrungsmittelproduzenten, den beiden Autoren, betrogen, wollten diese ihnen doch plötzlich statt Angst Hoffnung, Mut und Freude als Nahrung verpassen. *Sie* wären lieber Hungers gestorben, als ihre Lebensphilosophie zu ändern.

Da *ich* gerade ein neues Leben ausbrütete, wurde ich zu einem besonders schlechten Produzenten von Nahrungsmitteln der Kategorie Angst-vor-der-Zukunft und Angst-vor-dem-Leben. Wäre ja absurd gewesen, wenn ich nicht zu beschreiben versucht hätte, warum es sich lohnt, zu leben. Schwangerschaft hat viel mit Loslassen zu tun. Loslassen von alten Lebensgewohnheiten und Überzeugungen, loslassen vom Image der eigenen Stärke und der Angst vor der Zukunft.

München, 21. Oktober 1996

Baby sein am Ende des 20. Jahrhunderts

Gestern warst Du zehn Tage alt. Das heißt, daß Du Dein Neugeborenen-Dasein beendet hast und nunmehr ein Baby bist. Du bist auch schon viel kräftiger und wirkst weniger zerbrechlich. Wenn der Tag aufregend war, ergreifst Du ganz fest meinen Finger.

Wir haben Deine Urgroßeltern, meine Großeltern mütterlicherseits, besucht. Dein Urgroßvater ist 1899 geboren. Er ist also fast 100 Jahre älter als Du. Sein Leben hat das gesamte 20. Jahrhundert durchmessen. Er hat zwei Weltkriege und vier Staatsformen erlebt. Als er geboren wurde, begann man, Strom über weite Strecken zu transportieren, um so jedes Haus, jede Wohnung mit Licht versorgen zu können. Energiegewinnung blieb sein Lebensthema. Er war schon ein Greis, als das Unglück von Tschernobyl die Welt aufrüttelte. Damals hat er seine positive Meinung über die friedliche Nutzung der Atomenergie grundlegend verworfen. Bis heute ist er bereit, sein Weltbild durch neue Antworten auf alte Fragen zu ergänzen. Er machte es sich nie in Erinnerungen bequem.

Dein Leben wird sich fast zur Gänze im 21. Jahrhundert abspielen. Es ist nur noch kurz bis dahin, doch wenn ich daran denke, kommt es mir immer noch weit weg vor, weil auch ich ein Kind des 20. Jahrhunderts bin. Mach es so wie Urgroßvater! Schau nach vorne, und sei immer bereit, dazuzulernen.

Deine Großmutter, meine Mutter, hat sechs Kinder

zur Welt gebracht. Unvorstellbar: Sechsmal schwanger sein, sechsmal die Achterbahn der Gefühle zwischen Empfängnis, Geburt und dem ersten Lebensjahr des Kindes erleben, sechsmal zu sensibel für diese Welt sein, sechsmal nicht Herr seines eigenen Körpers sein, sechsmal Abhängigkeit von der Gunst und dem Geld des Ehemanns.

Und erst ihre Schwiegermutter: Sie war elfmal schwanger, hatte elfmal Geburtsschmerzen, wusch zweiundzwanzig Jahre Windeln und hatte mindestens ein Viertel Jahrhundert gestörte Nächte.

Damals kamen die Kinder eben noch nach Gottes Plan zur Welt. Ihm dabei mit Verhütungsmitteln ins Handwerk zu pfuschen galt als große Sünde. Im Haus gab es eine junge Köchin. Sie war auch eines von zehn Kindern. Das elfte sei mit sieben Monaten auf die Welt gekommen, erzählte sie. Daraufhin wickelte die Hebamme das kleine Würmchen in ein Lacken und legte es ins Eck des Zimmers. «Morgen wird es tot sein», sagte sie der Mutter, die nach elf Geburten in vierzehn Jahren zu erschöpft war, um darüber zu weinen.

• • •

München, 25. Oktober 1996

Über verpaßte Zeiten

Du hast nur noch einen Großvater. Der Vater Deines Papis ist einen Monat vor Deiner Geburt gestorben. Er hätte Dich noch so gerne auf den Schoß genommen, aber seine Kräfte reichten nicht mehr, und die Schmerzen löschten seine Lebenslust. Er wollte immer die neuesten Ultraschallbilder von Dir sehen, und er ermahnte mich, oft genug zum Arzt zu gehen. Er hatte sein Leben lang erfahren, daß Gesundheit ein kostbares Geschenk ist. Denn schon als 18jähriger Junge verlor er ein Bein im Weltkrieg.

Ich kann Dir wenig von ihm erzählen. Nur eines vielleicht: Er hatte eine vortreffliche Menschenkenntnis und eine große Herzenswärme. Ihm genügte ein Blick, um einen Fremden zu beurteilen, und ein Lächeln, um seinem Gegenüber das Gefühl zu geben, wertvoll zu sein. Sein Tod war sehr traurig für mich, obwohl ich ihn nicht einmal ein Jahr lang kannte. Aber es gibt auch den Schmerz über Versäumtes, Verpaßtes, nicht Erlebtes. Darum ist es so wichtig, jeden Augenblick so zu leben, daß er getrost vergehen kann, jedem Menschen so aufrichtig zu begegnen, daß man ihn auch wieder ziehen zu lassen vermag.

Erwachsene Kinder erkennen oft erst, wenn es schon zu spät ist, wie sie ihren alten Eltern hätten begegnen können. Väter trösten sich oft erst als Großväter darüber hinweg, daß sie sich für ihre Kinder zu wenig Zeit genommen haben, und Mütter begreifen oft erst, wenn ihre Kinder schon laufen können, daß sie die Babyzeit mehr hätten genießen sollen.

Beim Begräbnis Deines Großvaters schüttete es wie aus Kannen. Nur für den Augenblick, als der Sarg um die Kirche herum zum Friedhof getragen wurde, riß der Himmel auf. Frischer Segelwind erfaßte die Regenschirme der Trauernden, und kurz glitzerte der kleine Ort im Sonnenlicht. Es war so, als hätte es sich Dein Großvater plötzlich anders überlegt, als hätte der große Segler einen letzten Schlag am frühherbstlichen See dem Versenktwerden in die Erde vorgezogen.

Während all dieser Tage, an denen Dein Großvater langsam von uns Abschied nahm, hast Du Deine ganzen Kräfte für Deine Ankunft auf der Welt gesammelt. Ihr wart also beide für eine Weile in einer Art Zwischenwelt, Du noch nicht ganz auf Erden, er auf dem Weg ins Reich der Toten. Ihr beide habt mich gewaltsam in diese Halbwelt mitgerissen.

• • •

München, 26. Oktober 1996

Wissen anhäufen und Weisheit verlieren

Heute haben wir Dich zwei Stunden lang fotografiert. Du warst die ganze Zeit über aufmerksam und hast gelächelt. Eine große Leistung für ein 15 Tage altes Menschenkind. Es war so lustig, daß ich gar nicht mehr traurig bin, daß Du kein Neugeborenes mehr bist. Jetzt freue ich mich auf all die Abenteuer der Babyzeit, auf all Deine Fortschritte und unsere wachsende Fähigkeit, Deine Sprache zu verstehen. Für Erstlingseltern ist das gar nicht so leicht, verstehst Du, manchmal ist es gar zum Verzweifeln: Was willst Du mit Deinem verzerrten Gesicht sagen? Daß Du Hunger hast oder Bauchweh oder Angst, oder alles zusammen? Was geht in Deinem kleinen Köpfchen vor, Kind?

Bist Du wirklich auf die Welt gekommen, um hier 80 lange Jahre zu verbringen? Bist Du hier, um zu lachen und zu weinen, ein wenig die Welt zu verbessern und Dummheiten zu begehen? Du wirst Dich vom Wesentlichen ablenken lassen, um später in mühevoller Arbeit dem Geheimnis des Lebens wieder auf die Spur zu kommen. Einem Geheimnis, dem Du jetzt noch viel näher bist.

Willst Du wirklich 80 Jahre lang Erdenbürger sein, Länder und Kontinente bereisen, Venedig und andere Weltwunder besuchen und lernen, viel, viel lernen? Du wirst viel Wissen anhäufen und dabei die Weisheit verlieren. Man wird Dir Angst einjagen und versuchen, Dir Dein Selbstwertgefühl zu rauben. Auch wir, Deine Eltern, werden nicht ohne Schuld an Deinen Sorgen bleiben. Du wirst vielleicht einen oder zwei Lehrer haben, denen Du ein Leben lang dankbar sein wirst. Oft wird das Rauschen dieser zerstreuten Welt mit ihrer oberflächlichen Aufgeregtheit und ihrer Verbissenheit Dein feines Gespür für Glück, Zufriedenheit und Schönheit vernebeln. Wenn das passiert, dann sieh Dir einen alten Baum an, der schon viele Menschenleben auf dieser Erde ausgeharrt hat. Jedes Jahr vollbringt er von neuem, trotz saurem Regen und verschmutzter Luft, das Wunder des Lebens. Oder beobachte ein kleines Kind, sieh Dir an, wie es hinfällt, aufsteht, lacht und weiterläuft.

• • •

München, 28. Oktober 1996

Nächtlicher Schrecken

Was hast Du uns nur für einen Schrecken eingejagt, kleines Wesen. Vor zwei Tagen, mitten in der Nacht, nimmt Dich Dein Vater aus der Wiege. Wie gewohnt, flirtet er mit Dir, doch als er Dich zum Stillen in meinen Arm legen will, bekommst Du plötzlich keine Luft mehr. Als Du nur noch kleine, röchelnde Laute ausstößt, erfaßt uns Panik.

Ich versuche Dich wie beim Aufstoßen hochzuhalten und Dir auf den Rücken zu klopfen. Es hilft überhaupt nicht. Dein Körper versteift sich immer mehr, krümmt sich nach hinten, und Deine Augen treten wie bei einem Frosch hervor. Dein Gesicht verfärbt sich dunkelrot, und Deine Lippen verkrampfen sich zu blassen Strichen. Wir haben uns noch keinen Kinderarzt gesucht und uns noch nicht nach der nächstgelegenen Kinderklinik umgesehen, so vertieft sind wir in die glückvolle Gegenwart mit Dir. Jetzt schnürt uns Angst den Hals zu.

Gott sei Dank ist meine Cousine Kinderärztin. Als sie nach wenigen Minuten, die sich wie Stunden hinziehen, endlich eintrifft, bekommst Du wieder Luft und versuchst zu weinen. Sie nimmt Dich mit beruhigenden Worten in die Arme und biegt sanft Deinen Körper über ihren linken Unterarm. Endlich läßt Du Dein Köpfchen sinken, und die Verkrampfung löst sich. Dann hört sie Deine Lunge ab und testet Dein Reaktionsvermögen. Sie erklärt uns, daß alles nicht so schlimm sei und daß man bei einem Neugeborenen erst wirklich besorgt sein müsse, wenn sich das Gesicht weiß oder blau verfärbe.

Am nächsten Tag wiederholt sich der Schrecken, nur weiß ich mittlerweile, wie ich Dich halten muß, damit Du wieder Luft bekommst. Es stellt sich heraus, daß Deine Speiseröhre noch nicht richtig gegen den Magen abschließt. Das kommt bei Neugeborenen häufig vor und wächst sich nach einigen Monaten von selbst aus. Bis dahin kann es passieren, daß die Milch wieder zurück Richtung Mund fließt. Da sie schon halb verdaut ist, lösen die Magensäuren einen Krampf aus, der von allen Symptomen des Erstickens begleitet wird.

Als Therapie wird Dir verschrieben, in den nächsten Monaten nie flach zu liegen. Die Matratze Deines Bettes polstere ich mit Büchern und Kissen zu einem Liegestuhl hoch, und für tagsüber kaufe ich eine Babywippe mit verstellbarer Rückenlehne. Natürlich lasse ich Dich keinen Augenblick mehr aus den Augen, immer darauf gefaßt, Dich aus dem Bett reißen zu müssen, falls Dir wieder ein sogenannter Reflux den Atem rauben sollte.

Noch habe ich meine gewohnte Ruhe nicht zurückgewonnen. Der Schock sitzt mir tief in den Gliedern. Erst nach und nach wird mir bewußt, daß ich um Dein Leben gebangt habe, und langsam reift die Vorstellung heran, daß mir das Leben nichts Schlimmeres antun könnte, als Dich mir wieder wegzunehmen.

• • •

Salzkammergut, Anfang November 1996

Flaschengrüner See

Heute hat Dein Papi Geburtstag. Wir sind in sein Elternhaus gefahren, um dort zu feiern. Er liebt den See und die Berge dort. Du wirst hier sicher auch eine glückliche Kinderzeit erleben. Ich habe ihn vor genau einem Jahr an seinem 30. Geburtstag hier kennengelernt. Wir haben bis fünf Uhr früh getanzt und gefeiert. Als die düstere Landdiskothek Sperrstunde machte, war es Winter geworden. Es lag ein halber Meter Schnee, der Morgen graute, und wir hatten uns ineinander verliebt.

Dieses Jahr fällt sein Geburtstag auf einen der letzten warmen Herbsttage. Wir gehen mit Dir am Ufer des Sees spazieren, den Geruch von nassen Blättern in der Nase. Du schläfst die meiste Zeit in Deinem Kinderwagen und nimmst wahrscheinlich nur wenig von der Farbenpracht über Dir wahr. Der See schimmert flaschengrün. Es ist schon später Nachmittag, und es weht ein ungewöhnlich milder Südwind Laub von Buchen und Eschen. Ich bin ganz hingerissen von der herbstlichen Blätterpracht, die sich im Wasser spiegelt.

Diesmal tanzen wir leider nicht bis in den frühen Morgen. Ich habe ja nur vier Stunden Zeit zwischen Deinen Mahlzeiten, und überdies bin ich viel zu müde für derartige Eskapaden. Jetzt stehst eben Du im Mittelpunkt. Alle bewundern Dich. Großmutter Ama hat eine ganze Abordnung Freundinnen aufgeboten, um

Dir einen würdigen Empfang in der Großtantenwelt zu bescheren. Mit Deinen großen dunklen Augen und den Grimassen, die Du schon schneiden kannst, erobserst Du sie alle im Sturm und machst aus ihnen einen fröhlich zwitschernden Chor der Begeisterung. Selbst Felix, der Berner Sennenhund aus der Nachbarschaft, und der Rauhaardackel Duxi stecken ihre Köpfe in Dein Körbchen und begrüßen Dich bellend und sabernd.

Meine Familie findet, Du schaust *mir* ähnlich, während die Familie Deines Vaters *ihn* in Dir zu erkennen glaubt. Du gibst den Gesprächsstoff meistens vor, auch wenn ich einmal ganz gerne nicht über Dich reden würde. Aber es bietet sich eben an: «Wie lange schläft sie in der Nacht?», «Stillst du, und wie lange wirst du stillen?», «Trinkt das Baby brav?» Das sind, abgesehen vom beliebten Gesellschaftsspiel «Wem sieht die Kleine denn ähnlich?», die Hauptthemen, die die Menschen um uns herum interessieren. Im Mittelpunkt steht dabei immer die Frage nach Deiner Artigkeit, als gälte es, ein wildes Tier zu domestizieren.

Unlängst sind wir in München U-Bahn gefahren. In einem Tragesitz habe ich Dich vor meinen Bauch gebunden, mit Blick nach vorne. Gut gelaunt stand ich auf der Rolltreppe, als mein Blick einen U-Bahn-Arbeiter streifte, der in entgegengesetzter Richtung an uns vorüberfuhr. Als er Dich sah, strahlte er über das ganze Gesicht, so als hätte er für kurze Zeit das Wunder des Lebens erkannt.

• • •

München, Anfang November 1996

«Sonne und Regen müssen ja sein»

Dein Vater und ich gehen heute abend in eine Kinopremiere. Großmama paßt auf Dich auf. Sie kam schon am Nachmittag zu uns. Stundenlang will sie mit mir über Dich reden. Sie will, daß ich einen weiteren Kinderarzt aufsuche und ihm die Geschichte mit Deinem Reflux erzähle. Sie erteilt Ratschläge, erklärt, warum sie dieser und nicht jener Ansicht über Säuglingspflege ist, und erzählt, daß auch sie uns schon so oder so erzogen hat.

Ich versuche mich über meine Genervtheit hinwegzuspielen, indem ich mich wortkarg gebe. Nun bin ja ich Mutter und nicht mehr nur ihre Tochter. Da ich in die Mutterrolle aber erst seit wenigen Tagen hineinzuwachsen beginne, habe ich das Gefühl, die routiniertere Mutter will mir die noch so neue Aufgabe wieder wegnehmen. Ein Rollenwechsel, vor dessen Tücken ich in vielen Ratgebern gewarnt wurde – aber was nützt schon Theorie gegen die Wirklichkeit.

Wie gesagt, der Nachmittag ist von jener Dynamik erfüllt. Als ich endlich aus dem Haus bin, komme ich mir wieder einmal schrecklich unsensibel vor. Schließlich ist sie ja gekommen, um *mir* einen Freundschaftsdienst zu erweisen, schließlich wollte *ich* ausgehen. Nun plagt mich das schlechte Gewissen. Einen ganzen Monat lang hat sie sich zu ihrer Mutter an den Starnbergersee begeben, um mir jederzeit zu Hilfe eilen zu können. Schon einen ganzen Monat gibt sie ihr

Bestes, versucht sich zurückzuhalten und der frisch gebackenen Mutter dennoch eine gute Mutter zu sein.

Als ich dann eine Stunde über der eigentlichen Stillzeit voller Sorge nach Hause komme, liegst Du mit einem seligen Lächeln in Großmamas Armen und schläfst. Sie sitzt noch immer so da, wie ich sie vor fünf Stunden zurückgelassen habe: in der Ecke des Sofas, die Beine zur Wiegehaltung überschlagen. Der linke Arm muß ihr mehrmals eingeschlafen sein, ohne daß sie ihn ausschütteln konnte. Ihr Gesicht in Abwartehaltung, ständig bereit, bei der kleinsten Unruhe wieder das bewährte Wiegenlied «Sonne und Regen müssen ja sein ...» anzustimmen.

Der Anblick rührt mich, und ich bedanke mich überschwenglich. Das erste Mal, seit Du auf der Welt bist, gibt es jemanden, dem ich Dich blind, wann auch immer und so oft ich will, anvertrauen kann. Wir unterhalten uns noch bis in den frühen Morgen wie zwei alte Freundinnen, die sich lange nicht mehr gesehen haben.

Warum erzähle ich Dir das, meine Tochter? Vielleicht, weil ich mir wünsche, daß auch Du irgendwann einmal Lust bekommen wirst, mit mir einfach nur befreundet zu sein. Ich wünsche mir, daß Du mich anrufst, weil Dir das Herz übergeht und ich die richtige Person bin, der Du davon erzählen willst. Ich wünsche mir, daß Du an mich denkst, wenn Du Sehnsucht nach Austausch verspürst, und nicht, wenn Du an die Ver- und Gebote Deiner Kindheit denkst. Ich wünsche mir, daß Du mich besuchen kommst, weil Du dazu Lust hast, und nicht, weil man seine alte Mutter eben besucht. Und noch etwas: Ich hoffe, daß Dein Vater und ich auch dann noch etwas haben, weswegen Du uns achten möchtest, wenn Du bereits frei entscheiden kannst, wer Deinen Respekt und Deine Bewunderung verdient.

• • •

München, Mitte November 1996

Absichtsvolles Lächeln

Heute bist Du einen Monat alt. Ganze vier Wochen schon leben wir zusammen. Es ist eine sehr intensive Zeit. Gestern hast Du mich zum ersten Mal absichtsvoll angelacht. Seither übst Du es ohne Unterlaß. Wenn wir uns über Dich beugen, lächelst Du uns an und schneidest die tollsten Grimassen, die ich je gesehen habe. Du machst zum Beispiel einen kleinen runden Mund und ziehst die Stirn in Falten. So sieht der Clown aus, wenn er sein erstauntes «Oh» in die Manege ruft.

Gestern warst Du besonders sonnig und gut aufgelegt. Den ganzen Tag hast Du Dir die Welt angeschaut mit Deinen großen, dunklen Augen. Dein Papi war den ganzen Tag zu Hause. Wir haben einen abenteuerlichen Spaziergang in die Isar-Auen unternommen. Irgendwann ging es nicht mehr weiter, und ich mußte mit Dir auf dem Arm über einen Baumstamm balancieren, der ans andere Ufer des Baches führte.

Dein Papi brachte den Kinderwagen nach. Es ist gut, wenn er einmal einen ganzen Tag für Dich Zeit hat. Ich kann dann die halbe Verantwortung an ihn abgeben.
Nicht nur Du, auch wir Eltern machen Fortschritte. Ungeduldige, genervte Laute scheinen einfach «Mami, komm her» zu heißen, während ein gellender Schrei oder ein forderndes Jammern Hunger bedeutet. Wenn Du hingegen müde bist, klagst Du kraftlos. Du spürst all die Stimmungen wie ein Seismograph und spiegelst meine eigene Laune wider. Stell Dir vor, der Bub von einer Freundin hat acht Monate lang durchgeschrien. Jetzt verstehe ich, wie schrecklich das für eine Mutter sein muß. Sie war am Ende ihrer Kräfte, hatte kein Selbstvertrauen mehr und schwor sich, nie wieder ein Kind in die Welt zu setzen.

• • •

München, Mitte November 1996

Rätsel raten

Nun würde ich doch viel dafür geben, wenn Du uns in *unserer* Sprache sagen könntest, was Dir fehlt, was Du möchtest oder was Du fühlst. So ein Neugeborenes ist ja ein nie aussetzendes Rätselratespiel. Heißt Dein jammervolles Gesicht, daß Du Bauchweh hast, nicht genug zu essen bekommst? Oder einfach müde bist und nicht weißt, wie man aus dem Reich des «Wach-Seins» in die Welt der Träume hinübergleitet?

Dieser Übergang macht Dir angst, gelt? Du weißt noch nicht, daß drüben Ausruhen und Entspannung warten. Wenn ich an Deinem Bett sitze und Dich in den Schlaf wiege, hältst Du meinen Finger manchmal ganz fest. Bald verdrehst Du die Augen, doch dann erschrickst Du vor den Schlaf- und Traumgeistern und versuchst wieder wach zu werden. Doch die Müdigkeit ist mächtiger. Noch ein-, zweimal und Du hast den Kampf gegen den Schlaf verloren. Dann kannst Du loslassen, und bald geht Dein Atem tief und friedlich.

Wenn ich erraten habe, was Dir fehlt, dann befriedigt es mich als fürsorgliche Mutter. Wenn nicht, zehrt es an meinem Selbstvertrauen. Neulich waren wir beim Kinderarzt. Als er mich sah, wußte er sofort Bescheid. Er hatte eine gestreßte Jungmutter vor sich mit einem, wie er beteuerte, wunderbar ausgeglichenen, sonnigen Kind. Etwas belustigt fragte er mich also: «Und, wie geht es Ihnen?» Ich sagte, «Na, es geht so, die Kleine jammert in letzter Zeit so viel, und ich komme einfach nicht drauf, warum.» Jetzt mußte er wirklich schmunzeln und sagte zu mir: «Wissen Sie, das weiß sie oft selbst nicht. Wenn Sie dafür gesorgt haben, daß sie nicht hungrig ist, ihr nicht zu kalt oder zu heiß ist und sie keine volle Windel hat, können Sie sich beruhigen. Es wird schon wieder werden.»

Ich hatte Dir doch im Spital versprochen, keinen Streß und Leistungsdruck zuzulassen. Jetzt habe ich mein Versprechen schon gebrochen. Alles wächst mir über den Kopf. Es gibt lauter unerledigte Dinge rund um mich herum, ich soll 30 Seiten für ein Buch schreiben, und Dich verstehe ich, wie gesagt, oft nicht.

Ich habe Magengrippe. Früher hätte ich nicht viel Aufhebens darum gemacht. Jetzt aber wird mir mitten in der Nacht bewußt, daß mein Gesundheitszustand auch Dich etwas angeht. Meine Milchproduktion geht dramatisch zurück, und ich habe kein Ersatzessen für Dich. Natürlich hast nun auch Du die Magengrippe. Du weinst wegen Bauchweh, wunden Popos und ungenügenden Essens. Ich muß akzeptieren, daß Du im Moment einfach nicht zufrieden bist, daß Du handfeste Gründe dafür hast und daß ich nicht mehr tun kann, als abzuwarten, bis der Sturm vorüber ist.

Es ist sehr lehrreich, denn mir wird bewußt, daß ich Dein Leben nicht frustrationsfrei gestalten kann, daß ich Dir leider nicht den paradiesischen Zustand, der in meinem Bauch vorherrschte, erhalten kann. Es geht nicht, meine Kleine. «I never promised you a rose-garden», singe ich Dir vor. Wenn Du das hier einmal lesen solltest, wirst Du vielleicht sagen: «Ach Mami, ich hab' ja gar keinen Rosengarten erwartet. Ich wollte bloß leben, also auch weinen, Schmerzen spüren, zornig sein, alles, was das Erdendasein eben so ausmacht.»

• • •

München, Mitte November 1996

Auf der Welt willkommen heißen

Ein Bild geht mir nicht aus dem Sinn. Es war am Tag unserer Abfahrt aus dem Salzkammergut nach dem

Geburtstag von Deinem Papi. Du lagst schon im Schlafanzug in Deiner Tragetasche, denn es war spät geworden. Ich telefonierte noch schnell mit der Nachbarin, besser gesagt mit ihrem dreijährigen Sohn. Er fragte ganz schüchtern: «Wo ist das Baby?», und ich verstand nicht, daß er damit eigentlich ausdrücken wollte, daß er schon den ganzen Tag darauf gewartet hat, endlich das neue Baby anschauen zu dürfen, und daß er eigentlich fragen wollte, ob er noch schnell herüberkommen dürfe. «Natürlich warten wir noch, bis er das Baby gesehen hat», sagte ich seiner Mutter. «Gerne, ich freue mich auf ihn.»

Dann passierte, was ich nicht mehr vergessen werde. Ganz ernst und von seinem Vorhaben erfüllt, kam der kleine Mann an der Hand seiner Mutter die Treppen durch den Garten zur Garage herauf. Es war schon dunkel, kalt und nebelig. Der blonde Junge fixierte die Autotür und schwieg, bis er zu Dir auf den Hintersitz geklettert war. Da ging ein Strahlen über sein Gesicht, freudig sagte er irgendetwas zu Deiner Begrüßung und war zufrieden. Zum ersten Mal erlebte ich, wie sich Kinder über Dich freuen, gerade so, als hättet ihr eine geheime Verabredung, ihr Kinder des 21. Jahrhunderts, als würdet ihr voller Freude eure Generation auf dieser Welt willkommen heißen.

• • •

München, Ende November 1996

Am Fuß der Himmelsleiter angekommen

Gestern sah ich in der Zeitschrift «Hollywood Reporter» ein Foto von einem drei Tage alten Säugling. Es hat mich erschreckt. So groß bist Du also schon, so sehr Baby und nicht mehr Neugeborenes. Es hat mir einen kleinen Stich versetzt: Ist diese erste Lebensphase also schon vorbei? Wir hätten mehr Fotos machen sollen, wir hätten Dich und Deine Fortschritte filmen können.

Du bist jetzt sechs Wochen alt, mein Baby. Du kannst schon lachen, Du erkennst Mami und Papi und interessierst Dich schon für Deine Umgebung. Am Abend hast Du jetzt Deine wache Stunde. Es ist gut, denn so versäumt Dein Papi nicht alles. Manchmal gluckst Du, wenn Du ihn anlachst. Wie sinnfällig, daß Sprechen mit Lachen beginnt. Du kannst sogar schon alleine den Kopf halten und bist eine routinierte Trinkerin geworden. Du strahlst großes Vertrauen aus, ein großes Ja zu dem Leben, das Dich erwartet. Jetzt bist Du auf der Welt angekommen.

Die Geburt, so scheint mir, ist ein langer Weg, der in verschiedene Teilabschnitte zerfällt. Ihr Babys kommt nach dem gewalttätigen Plumps aus dem Mutterleib in Wahrheit ja erst ganz allmählich auf die Welt. Es dauert vier bis acht Wochen, bis ihr wirklich angekommen seid. Davor wirkt ihr noch so fern, so entrückt. Die ersten vier Wochen steigt ihr von der Himmelsleiter herunter auf die Erde, und wenn wir Euch dabei beobachten, können wir manchmal einen Blick in den Himmel werfen.

• • •

München, Ende November 1996

Schneeflocken wegblasen

Es schneit! Ich habe Dich auf den Arm genommen und meine dicke Pelzlederjacke um Dich geschlungen. So sind wir hinaus auf die Straße gegangen, um den ersten Schnee willkommen zu heißen. Er kam mit ganz dicken Flocken, die langsam zu Boden sanken. In kürzester Zeit waren die Straßen weiß, und auf den Sträuchern blieben kleine weiße Pölsterchen liegen. Dir sind die Flocken auf die Nase gefallen und in Deinen langen Wimpern hängengeblieben. Es hat Dich irritiert, und damit Du nicht frierst, habe ich den Schnee aus Deinem Gesicht geblasen. Es war trotzdem ein wenig kalt. Aber Du hast brav durchgehalten und mit Deiner verrückten Mutter die Freude über den ersten Schnee geteilt.

Wie lieb ich Dich habe, mein Kind, und wie gut Du mir gefällst. Seit zwei Wochen redest Du mit mir, wenn ich Dich in der Früh wickle, wasche und anziehe. Am Abend wiederholt sich die Plauderstunde. Du machst oh, ah und oho, runzelst dabei die Stirn und schaust mir ganz intensiv in die Augen. Ich spreche Dir alles nach oder bringe Dich zum Lachen, indem ich Dich auf den Bauch küsse. Wenn wir so gestenreich, oft gleichzeitig miteinander reden und von Glücksgefühlen überschwemmt werden, verschwindet die Umgebung rund um mich, und wir genießen die Seligkeit des Einsseins, die uns noch miteinander verbindet. Du wirst Dich lösen und langsam erkennen, daß Du von mir getrennt bist.

Aber immer wenn Du liebst – ob einen anderen Menschen oder Gottes Schöpfung –, wirst Du dieses Gefühl aus Deinem Innersten hervorkramen können, wie eine Glückspille, die Dich für Momente vergessen läßt, daß Du einmal gelernt hast, Dich als vereinzeltes Wesen zu begreifen. Verstehst Du mich? Nicht ganz. Das macht nichts. Später wirst Du ja sehen, ob ich recht habe. Wichtig ist nur, daß Du den Faden, der Dich für den Rest Deines Lebens mit Deinem kindlichen Urvertrauen verbindet, nie ganz abreißen läßt. Denn aus dem Gefühl der frühkindlichen Symbiose, der Einheit mit der Mutter, erwächst das beglückende Gefühl der Einheit mit der Schöpfung.

Dein Dasein hat mein Leben viel sinnlicher gemacht. Oft möchte ich Dich an mich drücken, meine Nase an Deine reiben, Deinen Kopf an meine Schulter schmiegen. Gestern hast Du Deine Wange an meine gelehnt und bist dabei eingeschlafen. Die vergangene Nacht hast Du in meinen Armen verbracht. Du wolltest nicht schlafen, hattest Bauchweh, und anstatt Dich eine Stunde lang auf und ab zu tragen, habe ich Dich kurzerhand in mein Bett gepackt. Ich habe mich die ganze Nacht keinen Zentimeter gerührt, weil Du doch aufrecht liegen mußt und ich Dir mit meinem linken Arm eine Art Liegestuhl geformt habe.

Wenn ich zwei Abende hintereinander weg war, habe ich das Gefühl, daß Du viel anhänglicher bist und noch mehr Streicheleinheiten brauchst als sonst. Wenn ich Dich dann genug im Arm gehalten habe, schläfst Du auch ganz selig wieder in Deinem Bettchen ein. Wie feine Sinne man braucht, um wahrzunehmen, was Ihr Babys uns mitteilen möchtet. Du hast es ja viel schwerer, Deine Bedürfnisse nach Nähe und Distanz durchzusetzen.

Du hast eine weißschwarze Katze geschenkt bekommen. Sie ist fast so groß wie Du und das erste Spielzeug, für das Du Dich interessierst. Gerade eben sitzt Du in Deiner Wippe neben meinem Schreibtisch und sprichst mit der Katze. Du machst ganz große Augen, sagst «oh» und «ah» und reißt sie an ihren Barthaaren. Dabei gluckst Du vor Vergnügen.

• • •

Wien, Anfang Dezember 1996

Fast schon Pferde stehlen

Willkommen in Wien, mein Kind. Ist es nicht eine wunderbare Stadt? Es ist schon ziemlich kalt. Trotzdem schiebe ich Dich, von meiner Wiedersehensfreude ganz benommen, im Kinderwagen all die Wege entlang, die für mich Wien bedeuten. Weißt Du, in dieser Stadt bin ich erwachsen geworden, habe studiert und gearbeitet, die Stadt geliebt und gehaßt, verlassen und wiedergefunden. Hier, im Museum für angewandte Kunst, habe ich oft Stunden vor einem Bild zugebracht. Und schau dort, vor dem schicken Café habe ich einmal mein Auto über Monate im Parkverbot abgestellt und vergessen. Ein teures Blackout. Gegenüber ist das «Café Prückl». Es ist ganz im Stil der 60er Jahre eingerichtet und wurde nie renoviert. Sogar die Besucher scheinen seit Jahren hier zu sitzen. Ist Dir kalt? Bitte, nur noch ein paar Straßen, ja?

Wir spazieren durch die engen Seitengassen der Wollzeile, am exquisiten Hotel «König von Ungarn» vorbei in die Blutgasse. Barockes Wien! Schuhe klappern über das Kopfsteinpflaster. Jetzt noch schnell zum Stephansplatz, gut? Ich möchte Dir die Fiaker zeigen, die auf der Ostseite der großen Kathedrale auf Kundschaft warten. Riechst Du die Pferde? Siehst Du, wie sie in der kalten Winterluft dampfen? Schnell berühre ich ihre Nüstern, so wie ich es früher immer gemacht habe, bevor ich in der Früh mit der U-Bahn ins Büro gefahren bin.

Ich bin stolz auf Dich, mein Kleines. Alles machst Du mit. Am Abend gehst Du mit mir aus, tagsüber habe ich Dich einmal sogar zu einer Redaktionssitzung mitgenommen. Dort hast Du für gute Stimmung gesorgt und Dich dann von der Dir völlig unbekannten Sekretärin betreuen lassen. Ich träume schon davon, mit Dir durch Indien zu reisen oder durch die Gran Canyons zu galoppieren. Wirst Du je Lust dazu haben, oder wirst Du nur darauf warten, bis Du ohne Deine Eltern durch die Welt ziehen kannst? Diese erste kleine Abenteuerprüfung hast Du jedenfalls gut bestanden.

In allen modernen Ratgebern steht, daß man mit einem Säugling praktisch alles machen kann: im Caféhaus sitzen, in Vorlesungen eilen, ins Theater gehen – alles kein Problem, solange man das Kind im Tragetuch an den eigenen Körper schnallt und es jederzeit die Brust finden kann. Eine folgenschwere Aufforderung, denn so einfach ist das im modernen Großstadtleben meistens doch nicht. Du warst noch keine zwei Wochen alt, als ich zum ersten Mal mit Dir in die Münchner Innenstadt gefahren bin. «Oh, eine moderne Mutter. Wie gut, so etwas zu sehen», rief eine ältere elegante Dame in der U-Bahn. «Wie gut, daß Sie sich nicht mehr in eine Rolle hineinzwängen lassen. Nicht so wie Frauen meiner Generation, die sich mit ihren Neugeborenen nie aus dem Haus gewagt haben.» Sie sagte das alles nur, weil ich Dich im Tragetuch verstaut hatte. Sie hat eine Ahnung, dachte ich mir. Die alten Rollen wurden bloß durch neue ersetzt, die aber auch ihre Tücken haben. Es ist nämlich gar nicht leicht, als Frau mit Baby so zu tun, als wäre man nicht weniger flexibel, einsatzfähig, unabhängig und selbstbestimmt als ohne Nachwuchs. Genau das aber wird heute oft verlangt, und dabei wird suggeriert, daß ein Baby das Leben nur unmerklich verändert.

Aber auch im Tragetuch bist Du erst zwei Monate alt, und von meiner Bewegungsfreiheit kann keine Rede sein. Ich habe mich auf Deine Lebensgeschwindigkeit eingestellt und kann Dich nur immer wieder ermutigen, größere Schritte auf dieser Welt zu wagen. Nur so funktioniert unser harmonisches Zusammenleben – andersherum eben nicht.

Wien, Mitte Dezember 1996

Unerbittlicher Tod

Ein guter Freund hat sein Baby verloren. Es hat einen Monat vor dem Geburtstermin einfach zu leben aufgehört. Die Mutter mußte das tote Kind – ihr erstes, heiß ersehntes Baby – gebären, als ob es leben würde. Nur folgte auf ihre Geburtsschmerzen nicht der Augenblick des vollendeten Glücks, den ich empfand, als ich Dich, mein vitales, zartes Leben an mich nahm und Dein Herz spürte, sondern der noch viel größere Schmerz, zu früh Abschied nehmen zu müssen. Die Eltern spürten keinen Atemzug, hörten ihr Kind nicht ein einziges Mal schreien, sahen nie seine lebendigen, erwartungsvollen Augen, und doch hielten sie ihr für den Start ins Leben fertig entwickeltes Kind in den Armen – eine tote Verdoppelung ihres eigenen Seins. Als ich von ihrem Leid erfuhr, schien es mir unbewältigbar groß. Wieso hat sich die Seele dieses Kindes, noch bevor sie die Geburt erlebte, entschieden, wieder zu gehen?

Du, mein kleiner süßer Gast. Bleibe lange, und werde bei uns zu einem glücklichen Menschen. Immer wieder flüstere ich Dir diese Zauberformel zu, wenn Du mich anstrahlst und Deine kleine Nase ganz schelmisch in die Höhe ziehst, wieder einen neuen Laut hervorbringst oder selbstvergessen die Welt rund um Dich betrachtest. Auf ein zartes neues Leben aufzupassen macht noch viel sensibler. Ich kann keine Nachrichten über Kinder in Notsituationen mehr hören, ohne den Tränen nahe zu sein. Den ganzen Herbst waren die Medien mit dem schrecklichen Fall des belgischen Kinderschänders Marc Dutroux voll. Dann wieder nahmen mich die Nachrichten von sterbenden Kindern in Afrika so mit, daß ich das Auto an den Straßenrand lenken mußte, um mich wieder zu beruhigen.

Ganz anders war neulich der Abschied von Deinem Urgroßvater, dem, der sich zeit seines Lebens mit der Gewinnung von Energie beschäftigte. Er ist im Alter von 97 Jahren gestorben. Sein Tod war viel leichter zu akzeptieren, denn er hatte ja schon die Fülle des Lebens ausgekostet. Er hatte eine große Familie, Enkel und Urenkel. Er wußte um das Geschenk jeden neuen Tages und hat gelernt, sich vom Schicksal nicht den Lebensmut rauben zu lassen, als sein Sohn an einem winterlich kalten Märztag im kaum aufgetauten See ertrank.

• • •

München, Ende Dezember 1996

Lustgezwitscher

Manchmal denke ich, ein Engel ist zu uns auf die Welt gekommen, so wunderbar bist Du. Du bist ein derart seliges Kind. Zwar sind Deine Babylaute nicht immer nur «Lustgezwitscher», wie es der große Kinderpsychologe René Spitz genannt hat. Bei Hunger bist Du eben fordernd. Es klingt genau so wie «Mami, ich habe Hunger». «Mami, ich bin müde, bitte hilf mir einschlafen» hingegen klingt weinerlich – eben müde. Oft rührst Du mich, weil Du so genügsam bist, etwa wenn Du längere Zeit auf mich warten mußt und trotzdem friedlich bist. Wenn ich mir vorstelle, daß ich mich ohne Hilfe nicht bewegen könnte, wäre ich unausstehlich. Du willst auf den Boden gelegt werden, spazieren gefahren werden, und immer mußt Du warten, bis Dir jemand hilft, die Position zu wechseln.

Wer weiß, vielleicht hat sich die Atemmeditation, die ich während der Schwangerschaft machte, positiv auf Dein embryonales Dasein ausgewirkt. Mir fiel das Meditieren viel leichter als davor. Denn schwanger sein erhöht das Körperbewußtsein. Ob Du auch deswegen ein so ausgeglichenes Baby bist? Daß Yoga und Meditation einen Einfluß auf die Geburt haben, gilt als erwiesen. Sicher gibt es aber auch einen Zusammenhang zwischen den Erfahrungen, die ein Kind als Embryo macht, und seiner Verfassung danach als Neugeborenes und Baby. Ich jedenfalls ruhe ganz instinktiv seit Deiner Geburt viel mehr in mir als früher.

Seit Du auf der Welt bist, fallen die Atemmeditationen unserem gemeinsamen Alltag zum Opfer, dafür habe ich eine neue Meditationstechnik gefunden. Du bist nun mein Mantra, unsere selbstvergessenen Mutter-Baby-Dialoge das Ritual, das mich ganz im Augenblick verweilen läßt. So hören meine ständigen Gedanken auf, und ich schicke mich und Dich in den ewigen Fluß des Lebens.

Dein Charme ist schon jetzt unwiderstehlich und zieht auch die Menschen in seinen Bann, die nicht wissen, daß man Babys Persönlichkeit respektieren muß, daß auch Babys einen Raum für sich beanspruchen und eine unaufgeforderte Übertretung genauso wenig mögen wie Erwachsene. Du lädst nur die Menschen in Deine Welt ein, die die Regeln für das Babyzwiegespräch beherrschen. Doch gerade unter Älteren gibt es viele, die Kinder als Puppen, Spielzeug oder Clowns betrachten und die glauben, sie dürften Dich auf den Arm nehmen, abküssen und betätscheln, nur weil Du Dich nicht wehren kannst. Du kennst sie oft gar nicht, aber sie übersehen Deine ängstlichen Blicke, Deinen sich sträubenden Körper und Dein weggedrehtes Gesicht. Schlagkräftiger kannst Du Dich eben noch nicht zur Wehr setzen.

Es ist schon einige Zeit her, als ich Dich in Wien zu einer Abendgesellschaft mitnahm. Du wurdest herumgereicht und bestaunt. Eine Dame zog auf Deine Kosten eine Show ab. Sie hielt einen brennenden dreiarmigen Kerzenleuchter über Dich und kommentierte lautstark Dein Reaktionsvermögen auf das flakkernde Licht. Ich glaubte nicht richtig zu sehen, so empört war ich darüber und nahm Dich ihr schnell wieder weg. Gerade rechtzeitig, denn beinahe wären die Kerzen auf Dich gefallen. Ein anderes Mal sagte jemand von ähnlicher Ignoranz Kindern gegenüber zu mir: «Ist es nicht schön. Jetzt hast du etwas, was dir ganz alleine gehört.» «Einen Gegenstand, mit dem ich tun und lassen kann, was ich will, nicht wahr», hätte ich beinahe geantwortet, doch meine Ironie wäre ohnehin nicht verstanden worden. Du gehörst natürlich Dir, nur Dir, und für uns bist Du ein willkommener

Gast. Aber Besitz? Ein Kind kann man doch ebenso wenig besitzen wie einen erwachsenen Menschen. Da Du Dich aber noch nicht gegen Vereinnahmungen und Übergriffe verteidigen kannst, muß ich auf Deine Autonomie aufpassen.

• • •

Canchy, Anfang Januar 1997

Schnee in der Normandie

Hörst Du den Atlantik, dieses stete Grollen, das näher kommt, sich überschlägt und schon vom nächsten Grollen eingeholt wird? Fühlst Du die Kälte, die unter die Haut schlüpft und sich langsam im ganzen Körper ausbreitet? Wie eine Känguruhmutter ihr Junges habe ich Dich unter meine dicke Pelzjacke gesteckt, so daß Du gar nichts von diesem geschichtsträchtigen Küstenabschnitt mitbekommst, der mir auch jetzt noch wie mit Blut getränkt vorkommt. Es ist ein eisiger Wintertag, der Schnee liegt bis ans Ufer von Omaha Beach, jenem Strand, wo die Amerikaner am 6. Juni 1944, dem sogenannten D-Day, landeten und eine der gewaltigsten und brutalsten Schlachten des Zweiten Weltkrieges zigtausende Tote forderte. Es ist ein eigenartiger Strand, von trauriger, verstörter Wildheit. Der stete Wind, die tiefhängenden Wolken, die das Tageslicht kaum durchlassen, unterstreichen den Wahnsinn dieses Krieges, der hier durch die bis an den Horizont reichenden weißen Kreuze der Soldatenfriedhöfe symbolisiert ist. In der Normandie sind die Höllenqualen dieses Jahrhunderts Geschichte, während sie im Süden des Kontinents, im ehemaligen Jugoslawien, wieder aufleben. Will gar nicht dran denken, mein Kind. Was wird alles in Deinem Leben passieren? Schau Dich um, in was für eine grausame Welt ich Dich geboren habe.

Tags darauf taucht die Sonne die märchenhaft durch den meterhohen Schnee verzauberte Landschaft in ein glitzerndes Licht. Wieder ist es so kalt, daß Du Dein Näslein kaum aus dem Tragesitz herausstrecken kannst, aber es ist schön, Dich an meinem Körper zu spüren und durch die vom Schnee wie von der restlichen Welt abgeschnittene Welt zu laufen.

Du hast wieder Fortschritte gemacht, versuchst um Deine eigene Achse zu rollen und liebst es, zu stehen, wenn ich Dich an den Händen halte. Wenn es Dir nicht gelingt, ärgerst Du Dich und verziehst ungeduldig Dein Gesicht. Dann lachst Du wieder vergnügt und versuchst drollige Laute zu formen. Einen Nachmittag haben Dein Papi und ich Dich bei einem fremden Kindermädchen zurückgelassen und uns Mont St.-Michel angesehen. Als wir am Abend wiederkamen, hast Du unaufhörlich auf mich eingeredet, ganz konzentriert und wie ein Wasserfall. Was wolltest Du mir bloß mitteilen? Daß Du Dich gefürchtet hast oder daß es Dir gut ergangen ist in unserer Abwesenheit? Du schienst zufrieden, und Deine Rede hatte etwas von einem Mami-was-ich-alles-erlebt-habe-Bericht.

• • •

München, Mitte Februar 1997

Karottenpüree macht unabhängig

Über einen Monat habe ich keine Tagebuchaufzeichnungen gemacht. Der graue Alltag hat mich übermannt. Manchmal verschwindet der Glanz aus dem Leben, die klaren Gefühle, das aufmerksame Erleben. Auch von der Natur ist im Januar keine Hilfe zu erwarten. Grau, kalt und naß gibt sie sich. Unentschlossen wartet sie auf die ersten wärmenden Sonnenstrahlen, die noch so fern sind.

Im vergangenen Monat gab es Tage, an denen Du die ganze Zeit getragen werden wolltest. Dann wolltest Du nur sitzen, obwohl Du das noch gar nicht kannst. Ich mußte Deinen Rücken mit Polstern abstützen. An manchen Tagen hast Du nur geweint. Wer weiß, was Dich geplagt hat: Husten, Schnupfen, Bauchweh oder einfach ein Weltschmerz. Babys empfinden manchmal diese diffuse Form von Traurigkeit. So wie die Erwachsenen. Dann hast Du wieder tagelang nur gestrahlt und gelacht. Dein Babylachen, das wie ein glucksender Bach klingt und das so wonnig ist, daß ich davon nicht satt werden kann.

Mitte Januar hast Du eines Tages angefangen, Karottenpüree zu essen. Sofort hast Du ein halbes Glas verschlungen, so aufregend neu war der Geschmack. Dein Start in die sogenannte Breikostzeit – was für ein Wortungetüm – hat mich gefreut und doch mit Wehmut erfüllt. Erst langsam wurde mir bewußt, daß das der Anfang Deiner Abnabelung ist. Komisch, vor Deiner Geburt habe ich gelesen, daß Mütter mitunter traurig sind, wenn die Stillzeit zu Ende geht. Damals habe ich das für idiotische Übermütterlichkeit gehalten und hätte um Millionen gewettet, daß mir so etwas nicht passiert. Ich dachte, daß das Stillen nur für Dich gut ist und ich es aus purer Einsicht in die Notwendigkeit über mich ergehen lassen würde. Jetzt würde ich die Zeit manchmal am liebsten anhalten, «nicht so schnell» rufen, ich hab' ja noch gar nicht alles wahrgenommen, mich mit Deiner jetzigen Lebensphase noch gar nicht richtig vertraut gemacht.

Du hast Dich ganz ruckartig verändert. Deine Aufmerksamkeit gilt jetzt Deiner Umgebung. Die erste Liebesaffäre mit der Welt beginnt. Es muß wirklich sehr aufregend sein, wenn man alles zum ersten Mal erlebt: den CD-Spieler, den Wasserkessel, die langgezogenen Rufe der Amseln am Abend, bald die ersten Frühlingsblumen und dann den Sommer – und das Meer. «Ja, das ist das Meer», werde ich sagen, und Du wirst große runde Augen machen und dem Schlagen der Wellen lauschen. Wirst Du? So zumindest stell' ich mir schon seit Deinem zweiten Lebensmonat den Tag vor, an dem ich Dir endlich das Meer zeigen kann. Vielleicht, weil wir als Kinder immer «Wer-zuerst-das-Meer-Sieht» gespielt haben, wenn wir nach Italien gefahren sind. Wenn es sich dann am Horizont zeigte, war ich glücklich und ließ es nicht mehr aus den Augen. Dem Meer kann man Stunden lang zuschauen und zuhören. Es erzählt Geschichten aus fernen Ländern und Zeiten. Dem Meer kann man auch alles anvertrauen, es wird mit seinem sanften, beruhigend rollenden Rauschen antworten: «Ich, das Meer, bin ewig. Drum sorge Dich nicht, ich werde immer dasein, wenn Du mich brauchst.»

• • •

München, Ende Februar 1997

Vom Geben und Nehmen

Wie hast Du nur mein Leben verändert! Alles geht mir leichter von der Hand. Ich bin konzentrierter, zielstrebiger, kann meine Zeit besser einteilen, und vor allem: Ich arbeite professioneller. Ja, Du kleines, drei Monate altes Wesen förderst Deine Mami. Wie ich mir das erkläre? Vielleicht ist mir die Arbeit nicht mehr so wichtig, und das tut ihr gut. Außerdem gibt Dein Leben dem meinigen eine neue Struktur. Die verhältnismäßig geringe Zeit, die mir für mich und meinen Schreibtisch bleibt, nütze ich entsprechend effizient und mit der Belohnung im Kopf, daß ich danach wieder etwas mit Dir unternehmen kann. So eine verliebte Mami bin ich, daß Du mir als Freizeitprogramm lieber bist als alles andere. Merkst Du, wie ich Dich vergöttere? Manchmal muß ich selbst über mich lachen, und dann male ich mir aus, wie Du bald mit einem genervt langgezogenen «Jaaa, Mami, ich hab' dich ja auch lieb» antworten wirst. Das ist schon o. k. Interessant, daß man in den Ratgebern so wenig darüber ließt, wie sehr Eltern ihre Kinder brauchen. Immer heißt es da nur, wie sehr Kinder auf ihre Eltern angewiesen sind und welch anstrengende und verantwortliche Aufgabe die gequälten Erwachsenen nach dem Kinderkriegen erwartet.

Neulich hat mir die Mitte 40jährige Mutter von zwei halbwüchsigen Kindern voller Stolz erzählt, daß sie ihre Babys ab dem dritten Monat ganztägig in eine Kinderkrippe gegeben habe und die Jugendlichen heute schon sagen, sie würden es ebenso machen. Sie hat einen verantwortungsvollen Beamtenjob und ist seit jeher ebenso eingespannt wie ihr karrierebewußter Mann – was bedeutet, daß beide fast nie zu Hause sind. Ich habe sie angeschwiegen und in ihrem Gesicht nach Anzeichen gesucht, die einen leisen Schmerz erahnen ließen. Ihre Züge verrieten Ehrgeiz, aber auch ein wenig zuviel Disziplin und Härte im Umgang mit den eigenen Gefühlen.

Es ist schon schwierig: Erst seitdem Du auf der Welt bist, weiß ich auf das leidige Kind-und-Karriere-Thema keine rechte Antwort mehr. Also: Der Tag hat, sagen wir, sechzehn Stunden. Wenn wir nun diese kostbare Zeit auf unsere verschiedenen Aufgabenbereiche als Mutter, Hausfrau, Ehefrau, berufstätige Frau, Freundin, gutaussehende fitneßgestylte Geliebte und was weiß ich was noch alles verteilen, können wir noch so effizient vorgehen, die Rechnung endet mit Minusstunden – Stunden also, die in den sechzehn gar nicht enthalten waren. Also beginnt ein ständiger Handel mit Stunden und ein Streichen von Tätigkeiten. Dabei streicht und spart jede Frau an anderer Stelle, und nur die wenigsten schaffen diese Quadratur des Kreises zu ihrer eigenen und umfassenden Zufriedenheit.

Natürlich kann man auch sechs Wochen nach der Geburt seines Kindes wieder voll arbeiten und eine Ersatzperson mit der Kinderbetreuung beauftragen. Vielen bleibt auch gar nichts anderes übrig. Aber ich stelle es mir emotional kaum bewältigbar vor. Schließlich haben ja Mutter und Kind die Aufgabe, ihre für die ganze Entwicklung so wichtige Symbiose während der ersten zwei Jahre langsam zu lösen und in eine autonomere Beziehung zu überführen. Ich kann der Tagesmutter oder dem Au-pair-Mädchen unsere Sehnsucht nach Einssein nicht in der Früh samt Dir, Pampers, Flasche und Schnuller übergeben und am späten Abend, wenn die Abenteuer des Tages schon durchlebt sind, wieder abholen und bis zur nächsten Früh in meiner Seele verstauen. Und selbst wenn Du, mein Kind, zur Kinderfrau eine Ersatzsymbiose entwickelst, was wird dann aus meinen Gefühlen, Dir nahe sein zu wollen, für Dich als wichtigste Person in Deinem zarten Leben verfügbar sein zu wollen?

Wäre in den ersten beiden Jahren Deines Lebens eine Arbeit, bei der ich Dich acht und mehr Stunden am Tag nicht sehe, nicht eine zu teuer erkaufte Kompensation? Teuer erkauft, weil sie verlangt, wahre Stürme an Gefühlen zu verdrängen. Das Argument, daß es auf die Qualität der Beziehung und nicht auf die Quantität der miteinander verbrachten Stunden ankommt, hinkt bei einem Baby und seinem Bedürfnis nach permanenter Verfügbarkeit.

Vielleicht gibt es mit den neuen Möglichkeiten flexibler Arbeitszeiten und der wachsenden Chance, den Arbeitsplatz teilweise nach Hause zu verlegen, eine neue Art der Gleichberechtigung – einer Gleichberechtigung für Frau *und* Kind, für den Beruf *und* die viel gescholtene Mutterrolle. Denn es ist ja nicht der Beruf, der mit der Mutterrolle nicht vereinbar wäre, sondern die Arbeitsgesellschaft des Industriezeitalters, die zwischen dem Zuhause und der Arbeitsstätte eine so strikte Grenze gezogen hat. Ich jedenfalls habe meinen mit allen Segnungen des Informationsalters bestückten Computer zum Ritter der Frauenemanzipation geschlagen.

• • •

München, Anfang März

Tränen, viele Tränen

Ich weiß nicht, was mit uns beiden los ist, Sand ist ins Getriebe geraten und hat den fröhlichen Einklang zwischen Dir und mir gestört. Hat es Dich traurig gestimmt, daß ich Dich nun gar nicht mehr stille? Bist Du Dir unseres Getrenntseins wieder ein Stück bewußter geworden? Ja, Du bist jetzt fünf Monate alt, und unsere Symbiose hat schon die ersten Risse bekommen, wie ein Kokon, der langsam zu eng wird für den heranwachsenden Schmetterling, den er birgt. Du beginnst, die Welt zu erobern, und Deine neue Unabhängigkeit erschreckt Dich wohl manchmal.

Vielleicht ärgerst Du Dich aber auch nur über Deine nervöse und schusselige Mutter, die durch das plötzliche Breikochen und Fläschchenmachen völlig überfordert ist. So etwas Dummes! Ich benehme mich so, als würde ich täglich ein fünfgängiges Diner kochen müssen und von vorneherein wissen, daß ich es nicht zustande bringe. Entweder der Brei brennt an, oder er schmeckt bitter, einmal ist die Milch zu heiß, dann wieder spritzt sie aus der Flasche in Dein Gesicht, und Du schreist zu Recht empört. Vielleicht ist meine Verwirrung auch nur ein Ausdruck für den Schmerz des Loslassenmüssens?

Vor ein paar Tagen ging es mir nicht gut. Als ich Dich wickelte, rannen mir die Tränen über das Gesicht. Du bist erschrocken und hast sofort mitgeweint. Natürlich habe ich mich schnell zusammengerissen und über meine eigene Wehleidigkeit gelacht. Wie spiegelt Ihr Babys doch die Stimmungen Eurer Mütter, wie feine Instrumente, die sich wie von selbst auf ihre Tonart einstimmen.

Was mich quält? Eigentlich sind es nichtige Kleinigkeiten. Ich habe zur Zeit keine Hilfe für Dich und den Haushalt und bin einfach empört, daß es genau so ist, wie es in den Büchern steht. Die Wäsche, das Kochen, das Abwaschen, der Einkauf, es ist einfach viel Arbeit. Wie soll ich da auch noch Zeitungen lesen und mir Themen für Artikel ausdenken oder meine Aufmerksamkeit auf Deine mühevollen ersten Welterkundungsversuche richten? Nicht, daß man mich nicht gewarnt hätte. Aber ich war überzeugt, daß es mir nicht so ergehen würde.

Dazu kommt eben, daß Du, mein Süßes, Kummer hast, unzufrieden bist, quengelst und nur für fremde Leute auf der Straße ein Lächeln übrig hast, während

Du mich zu Hause anheulst und Deinen Kopf wegdrehst, wenn ich Dich herzen will. Was stimmt jetzt wieder nicht? Was habe ich nun wieder falsch gemacht, was brauchst Du, willst Du, denkst Du, wer bist Du, und in was für einem Drama sind wir beide gefangen?

Stop, denke ich plötzlich und beginne den ganzen Wust an trostlosen Gefühlen loszulassen. Mit Deinen fünf Monaten kannst Du ja noch gar nicht wirklich Wut und Ärger empfinden. Ist es nicht eher so, daß Du das Gefühl hast, ins Bodenlose zu fallen, zu zerspringen, daß sich Dein Körperich einfach auflöst, wenn es Probleme gibt? Ich atme ein paarmal tief durch und lasse den selbstgemachten Horrorfilm reißen. Vergiß das nächste Essen, die ungelesenen Zeitungen und den chaotischen Vormittag, flüstere ich mir zu und beginne plötzlich wieder die Welt um mich herum wahrzunehmen. Du sitzt mit Deiner roten Trachtenjacke auf meinem Schoß und versuchst mich vom Schreiben abzuhalten. Du kannst schon gut aufrecht sitzen und willst Dich aufstellen. Das ist ein Kugelschreiber, siehst Du, damit kann man komische Linien auf das Papier bringen. Toll, nicht? Komm, laß uns hinausgehen, es ist ein schöner Spätwinternachmittag. Laß uns zum Rodelhügel spazieren und den älteren Kindern zusehen, wie sie sich jauchzend den Hang hinunterstürzen. Komm, mein Engel, ich füge die Teile Deines Seins wieder zusammen, halte Dich und gebe Dir das Gefühl, daß uns nichts stören, nichts unserer Harmonie berauben kann. Atme die kühle Luft ein, und höre, wie der Schnee unter den Füßen knirscht. Siehst

Du, gleich geht es uns wieder besser, und der gewohnte innige Gleichklang kehrt zurück.

• • •

München, Ende März 1997

Ohne Babyrhythmuszähler

Eine Woche habe ich Dich alleine bei Deiner Großmutter gelassen. Zum ersten Mal seit 14 Monaten hatte ich Dich weder in meinem Bauch noch auf meinem Arm, sondern bin mit Deinem Papi Skifahren gegangen. Endlich allein, endlich einmal schlafen, wann ich will, ohne Folgen Alkohol trinken und einfach den ganzen Tag für mich haben. Keinen Babyrhythmuszähler am Handgelenk, wenn ich entspannt in der Sauna liege oder gemütlich durch das abendliche Zürs schlendere.

Die weise Natur stellt Mütter in der Schwangerschaft ja unfreiwillig freiwillig auf die Probe. Denn wer kann denn schon ermessen, was dieses Nicht-mehr-allein-Sein bedeutet, wenn er sich für ein Kind entscheidet. Wenn dann das Kind nach neun Monaten Ankündigungsfrist auf die Welt kommt, hat sich der Großteil der Mütter schon ein wenig an die Präsenz des kleinen Mitbewohners gewöhnen können. Schwangerschaft als Versicherungspolice der Natur. Nur: Wieso hat sie sich als Vertragspartner nur die Frauen ausgesucht?

Erst in der letzten Nacht habe ich von Dir geträumt, und als am Morgen eine Mutter mit ihrem Baby im

Speisesaal erschien, wuchs meine Sehnsucht. Du hast es gut gehabt bei Deiner Großmutter – sehr gut sogar. Ich habe Dich kaum wiedererkannt, als ich voller Erwartung in Deine Wiege blickte. Du hast gestrahlt und Deine Arme nach uns ausgestreckt, aber ob Dein Lächeln mir oder meinen Eltern galt, die Du in dieser Woche offenbar lieb gewonnen hast, vermag ich nicht zu sagen. Du fühlst Dich anders an, mein Kind, fester und größer. Auch Deine Stimme erscheint mir tiefer, bestimmter und lauter zu sein als vor einer Woche. Oder habe ich sie nur aus den Ohren verloren? Es liegt eine Distanz zwischen uns, die mir weh tut. Andererseits wirkt sie erleichternd, denn ich spüre, daß Du, falls mir je etwas zustoßen sollte, Deine Großmutter als mütterliche Ersatzperson wählen könntest.

Ach wie Du mir gefällst. Du hast eine gute Phase, ruhst in Dir und spielst mit großer Energie und ganz angestrengten Gesichtszügen. Am liebsten drehst Du mit geschäftigem Blick Zeitungen hin und her. Du hast ein Bewegungsverfahren aus Rollen, Aufsetzen und erneut Fallenlassen entwickelt, mit dem Du zwar meist nicht dorthin kommst, wo Du hin willst, aber Dich dennoch von dem Ort, an dem Du bist, wegbewegen kannst. Wieder hast Du Dir ein Stück Welt erobert, ganz für Dich allein, ohne Hilfe von außen. Denn keiner von uns hat Dir gezeigt, wie Du langsam von einem strampelnden Säugling zu einem Krabbelbaby wirst. Ich hätte gar nicht gewußt, wie! Du folgst Deinem inneren Curriculum, und ich kann nur klatschend zusehen.

Erst nach einer Woche nun bist Du mir wieder ganz

vertraut, und wir führen wieder selbstvergessen unsere Mutter-Kind-Gespräche. Wenn Du Dich nicht mehr so rasant entwickeln wirst, werden uns dann kleine Trennungen nicht mehr so stark voneinander entfernen?

• • •

München, Anfang April 1997

Zu viele Fliegen auf einen Schlag

Da haben wir die Bescherung! Das kommt davon, wenn man die Quadratur des Kreises erfinden will: Streng nach den Selbst-ist-die-Frau-Regeln packte ich Dich heute in den Radsitz, um durch den Englischen Garten zur Universität zu fahren. Ich malte mir einen friedlichen Nachmittag in der Bibliothek aus, wo ich genüßlich in numismatischen Fachbüchern schmökern wollte, während Du friedlich schon einmal Uniluft schnuppern und – da ich den Ausflug genau auf Deine Schlafenszeit getimt hatte – dann auch schlummern solltest. Alle Fliegen auf einen Schlag: ein bißchen Sport, arbeiten und bei allem Dich dabei.

Doch schon die Fahrt durch den vorfrühlingshaften Park verläuft nicht nach Plan. Statt zu jauchzen, haßt Du die ungewohnte Fortbewegungsart und bekundest Deinen Unwillen. Dann habe ich alle Mühe, das Rad zu parken und abzuschließen, während ich Dich praktisch gleichzeitig aus dem Sitz in den Tragesitz verfrachten muß. Glücklicherweise kommt uns ein umsichtiger Student zur Hilfe, und wir können uns schließlich auf den Weg durch die mit Studenten überfüllte Unieingangshalle Richtung Numismatik machen. Den Wunsch, einen ruhigen Nachmittag in der Bibliothek zu verbringen, habe ich schon abgelegt, und Du bist offenbar auch fest entschlossen, durch Dein Protestgeschrei diesen Ausflug möglichst kurz zu halten. Doch wenigstens will ich die drei wichtigsten Bücher ausheben und kopieren, also suche ich weiter nach der Tür zur Fachbibliothek. Weil ich Dich auf dem Rücken trage, fällt mir auf, wie rutschig der Boden in den Unigängen ist, und ich schleiche wie auf Eiern um die Ecken.

Ein Spießrutenlauf: endlich die Fachbibliothek für Numismatik und Geldkunde. Hier hört man jede Stecknadel fallen. Das wird bestimmt peinlich, denke ich mir und stelle Dich im Tragesitz mit dem praktischen Ständer auf einen der Tische im Raum. Kaum habe ich mich aus meiner Jacke befreit, gibt es einen Knall und daraufhin die Stille zerreißendes Babygebrülle. Du bist umgekippt und mit dem Hinterkopf auf die spiegelglatte Tischplatte gestürzt. Gott sei Dank hält ein Babykopf vieles aus. Selbst die Studenten, die mir beim Hereinkommen noch einen wohlwollenden Solidaritätsblick zugesandt hatten, verziehen nun ihr Gesicht. Der Bibliothekar erscheint und schiebt mich mit den gesuchten Büchern so schnell wie möglich wieder auf den Gang hinaus. Das habe ich nun von meinem Wunsch nach einem Leben wie früher, nach konzentrierter, vergeistigter Studienatmosphäre, die nur ab und zu durch das leise Rascheln beim Umblättern von Seiten und die summenden Geräusche des Kopierers unterbrochen wird.

Du findest, daß ich den Ausflug einfach schlecht organisiert habe, und damit hast Du natürlich recht. Andere Babys müssen in dem Alter noch nicht radfahren. Aber die Verkäuferin hatte gemeint, es geht schon, und eine erfahrene Mutter ebenfalls, und ich bildete mir eben ein, daß Radfahren für Dich ein tolles Abenteuer sein würde.

Aber noch etwas will ich Dir mit dieser hanebüchenen Geschichte sagen: Ich habe ja einen Babysitter und muß Dich gar nicht überallhin mitnehmen. Aber ich möchte mit Dir möglichst frei und beweglich, abenteuerlich und flexibel durchs Leben ziehen können. Ich konnte mir vor Deiner Geburt gar nicht vorstellen, daß ich so viel Zeit wie nur irgendwie möglich mit Dir verbringen würde wollen. Zum Glück bist Du normalerweise ein sehr sonniges, gelassenes Kind und ein guter Partner für Unternehmungen aller Art.

• • •

München, Mitte April 1997

Der Konzertsessel

Du hast Dir einen neuen Babysitter ausgesucht, die Waschmaschine. Nichts fasziniert Dich derzeit so wie die Trommel, die sich, angefüllt mit bunten Kleidern, im Kreis dreht. Wenn ich telefonieren möchte oder in

Ruhe aufräumen, dann stelle ich Dich einfach vor das Waschmaschinenfenster, und Du beginnst kleine Begeisterungslaute auszustoßen. Ähnlich angetan bist Du auch vom knallroten Wasserkessel. Ich glaube, seine Farbe hypnotisiert Dich. Du erzählst ihm Geschichten und willst seine Oberfläche berühren, was ich Dir aber nicht erlauben kann, denn der Kessel ist meist heiß.

Unlängst war wieder so ein Tag, an dem ich es Dir nicht und nicht recht machen konnte. Ich glaube, Du bekommst Zähne, denn Du wolltest weder essen noch schlafen, nur raunzen. Auch am Abend wolltest Du nicht einschlafen und hast bis zehn Uhr nachts geweint. Da kam mir eine Idee: Ich baute Dir aus Deinem Babysitz einen Konzertsessel in der Höhe des CD-Spielers. Die zwei Mozart-Klavierkonzerte, die ich immer während der Schwangerschaft gehört hatte, und der Anblick der silbrigen, sich drehenden CD-Scheibe haben Dich schlagartig beruhigt. Erschöpft setzte ich mich neben Dich und beobachtete, wie Du mit gewichtiger Miene auf den CD-Player starrtest. Wie ein Abonnement-Konzertbesucher im Wiener Musikverein bist Du dagesessen und wie die alten Herren beim Sonntagvormittagskonzert allmählich eingenickt.

Als Mutter wird man erfinderisch. Manche fahren mit ihren Babys in der Nacht über die Autobahn, weil die Schreihälse sonst nichts zum Schlafen bringt, andere wiederum müssen jede Stunde ein neues Fläschchen bereithalten und können sich den Schlaf in der Nacht für die nächsten Jahre abschminken. Und dann plötzlich, wenn man sich darauf eingestellt hat, daß man mit seinem Baby durch eine schwierigere Zeit geht, wenn man alle eigenen Programmpunkte zurückgesteckt hat, um endlich ganz für das kleine unglückliche Wesen dazusein, dann ist plötzlich wieder alles im Lot. Heute bist Du strahlend aufgewacht, hast versonnen gespielt, genug geschlafen und gegessen, und ich hatte mich plötzlich umsonst auf einen weiteren Kampftag eingestellt. Ein Leben mit Kindern lehrt, flexibel zu sein. Wenn es heißt, Frauen seien ihrer Natur nach fähig, sich gleichzeitig auf verschiedene Dinge konzentrieren zu können, dafür seien Männer zielstrebiger und effizienter, dann erscheint mir das eine Verdrehung der Tatsachen zu sein. So Frauen Mütter werden, werden sie zwangsweise flexibel, und waren sie davor auch noch so zielstrebig auf *eine* Sache fixiert und zogen ihren Tag nach allen Regeln der Effizienz durch.

Heute bist Du, wie gesagt, ein Wonnekind. Soeben hast Du die Geduld mit Deinem Stoffhasen verloren und beginnst ihn auszuschimpfen. Was ist das Problem? Daß er nicht reden kann und seine Mimik nicht verändert? Ach, mein Herz, laß Dich von mir ablenken. Schau, jetzt kann sich der Stoffhase bewegen. Er verbiegt seine langen Ohren, um Dir besser zuhören zu können, und seine Pfoten kitzeln Dich am Hals, bis Du mir das Tier lachend aus der Hand nimmst. Bekommt Deine Mami für diese schöne Aufführung nun eines Deiner zärtlich nassen Schleckerbussis?

• • •

München, Ende April 1997

Wer ist die beste Mutter im ganzen Land?

Manchmal habe ich das Gefühl, wenn Du die Möglichkeit hättest, würdest Du Dir eine andere Mutter aussuchen. Eine, die nicht so viel nachdenkt, die selbstsicher tut, was zu tun ist, und bessere Breie kocht. Ich male mir aus, daß Du mit ihr auf einen großen Bauernhof ziehen würdest, mit Schafen, Katzen und vielen anderen Tieren. Du würdest unter Geschwistern aufwachsen und ständig im Freien herumtoben.

Wer ist die beste Mutter im ganzen Land? Habe ich meine eigene Mutter als bessere Mutter in Erinnerung? Oder erinnert mich unsere Situation daran, daß auch sie wegen ganz gewöhnlicher Baby-Wehwehchen ihre Fähigkeiten als Mutter in Zweifel zog? Vielleicht ist es aber gar noch anders: Gestehe ich mir mit meinem Bedürfnis nach einem eigenständigen Leben und einem Beruf vielleicht gar nicht zu, Kindern trotzdem eine gute Mutter sein zu können?

Es gibt keine perfekte Mutter, verstehst Du? Es kommt Dir in Deinem Alter nur so vor, als sei ich eine liebevolle Madonna, vollkommen und gut, und Du ein Engelskind in meinem Schoß. Es ist ein wichtiger Entwicklungsschritt, daß Du unsere Beziehung so verklärt siehst, aber vielleicht spüre ich gerade deshalb die Diskrepanz zwischen *Deinem* Idealbild und *meiner* Realität. Andererseits: In den ersten vier Monaten haben mich aber auch keine Selbstzweifel geplagt, also fort mit ihnen. Es wird schon seinen Grund haben, warum Du Dir mich als Mutter ausgewählt hast. Ich werde es mir nicht mehr so sehr zu Herzen nehmen, wenn Du weinst, Deine Probleme nicht mehr als persönliche Kränkung wahrnehmen. Klar, es gibt nun einmal Mütter, die besser kochen, die Dich rechtzeitiger zu Bett bringen und Dich weniger fordern.

Mit mir kannst Du dafür die Welt entdecken. Ich halte Dir stundenlang Blumen unter die Nase, damit Du den Duft der Natur in all seinen Nuancen kennenlernst. Ich rede viel mit Dir und werde immer versuchen, Dich als die, die Du bist, wahrzunehmen. Ich werde Dir Bücher vorlesen und Geschichten für Dich erfinden, Dir die ganze Schönheit dieser faszinierenden Welt näherbringen und Deine Augen für das Elend und die Probleme des Planeten zu schärfen versuchen.

• • •

München, Anfang Mai 1997

Software zum Großwerden

Es ist Frühling, und der Geruch blühender Traubenkirschen liegt in der Luft. Du hast eine Kappe auf, und Dein Papi trägt Dich im Rucksack über die gelben Löwenzahnwiesen. Ich laufe nebenher und reiße Possen, um Dich zum Lachen zu bringen.

Als ob Du Dich für den Sommer rüsten müßtest, hast Du vor einigen Wochen die ersten Krabbelbewegungen gemacht. Damals war es noch eine eigenartige

Form der Fortbewegung, eher ein Robben – und zwar im Rückwärtsgang. Doch Du hast einfach weitergeübt, Dich auf Knie und Hände gestützt und eigenartige Wippbewegungen erzeugt. Wieder einige Tage später hast Du versucht, ein Bein und dann einen Arm zu heben und vorwärts zu krabbeln. Entweder Du bist umgefallen, oder Dein Körper ist wieder rückwärts gegangen. Doch dann plötzlich klappte es. Wie ein kleines Bernhardinerhündchen, das zum ersten Mal einem Schmetterling nachlaufen will, bist Du ins andere Zimmer gekrabbelt.

Ich konnte Dir gar nicht dabei helfen. Ich hätte nicht gewußt, wie. Im Gegenteil: Beim Zuschauen habe ich viel gelernt. Es ist wirklich eine schwierige Aufgabe. Du bist über Dich selbst hinausgewachsen. Krabbeln lernen ist ein geistiger und körperlicher Quantensprung, Erwachsene sind später nur noch selten zu solchen Entwicklungssprüngen fähig. Ihr Babys und Kleinkinder hingegen leistet ständig solch faszinierende Entwicklungsschübe. Ihr habt eine Software zum Großwerden und wißt, wie und wann Ihr von ihr Gebrauch machen könnt. Mir bleibt bloß, in die Rolle der Forschungsassistentin zu schlüpfen, die die Versuchsanordnung herrichtet und hinter ihrem fleißigen, unbeirrbaren Professor wieder alles aufräumt.

Am Sonntag fuhren wir aufs Land, um den ersten Spargel zu kosten. Dort hast Du in einer Kirche das Phänomen des Halls entdeckt. In unterschiedlichen Tonhöhen hast Du in den kühlen, akustisch feinfühligen Raum geschrien und den Tönen gelauscht, die nur langsam verhallten. Daneben im kleinen Dorfmuseum hast Du mit den lebensgroßen Porträts des berühmten Münchner Malers Franz von Lenbach geredet. Otto von Bismarck hat Dich mit seiner martialischen Uniform und seinem Schnauzbart erschreckt. Da hast Du schon lieber auf Klara von Leipzig eingeredet. Erst als auch sie nicht und nicht antworten wollte, hast Du dem Museum den Rücken zugekehrt. Ich finde, sie hätte wenigstens zurücklächeln können.

• • •

Salzkammergut, Mitte Mai 1997

Babys Leben ist kein Kinderspiel

Heute bist Du sieben Monate alt geworden, mein tapferes Mädchen. Ich habe morgen in Wien zu tun und bringe Dich darum zu Deiner Ama, der Mutter von Deinem Papi. Sie freut sich schon auf Dich, hat für Dich schon das Reisegitterbett hergerichtet, einen großen Teddybären besorgt und sich all Deine Essens- und Schlafenszeiten genau ins Gedächtnis eingeprägt. So wie meine Mutter, die von ihren Enkeln Omama oder Großmama gerufen wird, nimmt auch die Ama ihren Großmutterjob ernst und wird sich bestimmt rührend um Dich kümmern. Fremde Menschen schaust Du jetzt schon viel distanzierter an als vor zwei Monaten, um so wichtiger ist es, daß es Deine Großmutter gibt, die immer wieder ihre Hilfe anbietet. Manchmal erschrecken Dich fremde Gesichter sogar. Aber statt zu schreien, preßt Du zur Zeit meistens die Lippen zusammen, hältst den Kopf gerade und setzt Dein Showmasterlächeln auf.

Dieses Lächeln wirkt ganz anders als das strahlende Lächeln, das Du für all Deine Lieben übrig hast. Es sieht einfach charmant professionell aus. Natürlich ist Dir gar nicht bewußt, daß Du einem Showmaster ähnelst, der freundlich auszusehen versucht, um sein Publikum für sich zu gewinnen. Ich finde Dein Verhalten tapfer. Ist Tapferkeit eine Charaktereigenschaft, die Du mitbringst, oder ist sie bereits ein Ergebnis Deiner Lebenserfahrung? Angeblich war ich genauso, erzählt meine Mutter. Tapferkeit kann man gut brauchen, kleine Kämpferin.

Du müßtest Dir zusehen, wie Du zwischen Deinen Spielsachen sitzt, wie versunken und eins mit der Welt. Babys sind einfach so. Sie sind so konzentriert, so hundertprozentig bei der Sache. Vielleicht bist Du auch deshalb so zufrieden. Ich kenne eigentlich keinen Erwachsenen, der so selig ist wie Du mit Deinen sieben Monaten.

Kein Wunder, wird jetzt jeder einwenden. Babys müssen ja noch keine Verantwortung tragen, Babys wissen noch nichts von der Schlechtigkeit der Welt, Babys leben in einer Welt aus bunten Spielen, sie haben noch nicht die Zerbrechlichkeit der Liebe und die Mittelmäßigkeit des Alltags kennengelernt.

Aber diese Erwachsenen sollten einmal genau hinsehen. Es gibt so vieles, was ein Baby erschrecken kann. Dauernd tut es sich beim Start ins Leben auf zwei Füßen weh. Sein Tag ist überaus beschwerlich. Krabbeln lernen ist eine Kunst. Das ständige Herumrollen, Aufsetzen, an Dinge herankommen, die interessanter sind als all das Baby-Spielzeug, all das kostet enorme Anstrengungen. Ein Babyleben ist wahrlich kein Kinderspiel.

Erwachsene können von ihren Babys lernen, denn wenn ein Baby laufen lernt, fällt es ständig hin, steht wieder auf und versucht es von neuem. Erwachsene, die in ihrem Leben straucheln, verlieren hingegen oft den Mut, es noch einmal zu versuchen.

Bevor ich nach Wien gefahren bin, haben wir uns in die Frühlingswiese gesetzt. Vielleicht träumst Du jetzt von diesem aufregenden Abenteuer, von diesem eigenartigen Untergrund. Du warst ganz erstaunt über die Gräser, darüber, daß sie sich ständig im Wind bewegen und sanfte Geräusche erzeugen, wenn man darüber streicht. Du hast Gänseblümchen und Löwenzahn gepflückt – ganz vorsichtig, denn Wiesen sind tückisch: Sie stechen und sind doch eine weiche Unterlage, sie sind von der Sonne aufgeheizt und fühlen sich dennoch kühl an. Wir saßen in einer Wiese von unglaublicher Vielfalt: Da waren die Margaretenblume, die Blüten der wilden Erdbeeren, Vergißmeinnicht, Wiesenschaumkraut und vieles mehr. Die Liebe zur Natur würde ich Dir gerne mitgeben, mein Kind. Die Freude am Wachsen und Gedeihen, an der Formen- und Farbenvielfalt, am Reichtum und an der Phantasie ihrer Kompositionen.

• • •

München, Anfang Juni 1997

«*Kommt ein Mäuslein …*»

«Kommt ein Mäuslein in das Häuslein und fragt: Ist die Helena da?» sage ich und wandere dabei mit Zeige- und Mittelfinger von Deiner Zehenspitze über die nackten Beinchen, den frisch gepuderten Popo, über den süßen Babyschmerbauch bis hinauf zu Deinem linken Ohr. Du windest Dich lachend unter meinen Händen, und Dein Blick fordert mich auf, das Spiel zu wiederholen. «Kommt ein Mäuslein …», fange ich wieder an, ganz langsam und ein wenig bedrohlich, damit Du noch früher zu lachen beginnst. Du strampelst vor Vergnügen, und ich zähle Deine Babyspeckfalten an Oberschenkeln und Handgelenk. Was für ein schönes Baby Du bist mit Deinen stämmigen, dicken Beinen, den Pausbacken und Deinem Popo, ganz im Stil der Elefantenhinterteile. Du hast noch etwas schüttere Haare und überdimensional große, dunkle Augen, die alles und jeden in Deiner Umgebung «niederstrahlen». So bezeichnete neulich ein fremder Spaziergänger sehr treffend Deinen Gesichtsausdruck. Jetzt bist Du ein perfektes Baby, kein Säugling mehr und noch kein Kleinkind, sondern eben jemand, der sich anschickt, in den kommenden fünf Monaten laufen zu lernen.

Jetzt kennst Du auch das Guckuck-da-Spiel. Plötzlich wirfst Du Dein kariertes Kleid über den Kopf, um es nach ein paar aufregenden Sekunden wieder wegzuziehen und dabei triumphierend zu lachen. «Da ist die Helena ja wieder», rufe ich freudig über unser Wiedersehen und dann «Wo ist die Helena?», als Du wieder hinter Deinem Kleid verschwindest. Nach einer Weile drehe ich den Spieß um und bedecke *meinen* Kopf mit einem Tuch. «Wo ist die Mami?» Nachdem ich es wieder heruntergezogen habe, rufe ich: «Da ist die Mami.» Siehst Du, die Mami verschwindet und taucht wieder auf, sie geht weg und kommt wieder.

Du hast Angst, im Stich gelassen zu werden, denn es ist noch nicht lange her, als Du realisiertest, daß Du und ich nicht eine Person sind. Wenn ich unter dem Tuch verschwinde, hast Du kurz das Gefühl, Dein Körper könnte in Stücke zerspringen, so aufregend und bedrohlich ist das Spiel. Doch ich tauche ja sofort wieder auf, und Du lernst wieder ein wenig mehr, Deine Unabhängigkeit gutzuheißen. Wie groß jedesmal die Freude ist, wenn sich unsere Blicke wiederfinden. «Ein Baby erfährt, was es ist, im Spiegel der Gesichter, die es anblicken», schreibt die Kinderpsychologin Louise Kaplan. Du mußt Dir also gut und wundervoll vorkommen, denn spiegle ich Dir nicht zurück, daß Du das wundervollste, schönste, entzückendste Baby auf der Welt bist und daß Du mich glücklich machst?

Dein Bewußtsein über unser Getrenntsein hat zugenommen. Wenn Du müde bist, darf ich nicht aus Deinem Blickfeld verschwinden, sonst weinst Du, und nach Deinem Vormittagsspaziergang mit dem Babysitter kommst Du mit riesengroßer Wiedersehensfreude zurück, strampelst, bis Du in meinen Armen liegst, und krallst Dich für einen Moment ganz fest an mich. Gleich wirst Du Dich wieder abstoßen, um Deine Aufmerksamkeit erneut der abenteuerreichen Umgebung zuzuwenden.

• • •

München, 5. Juni 1997

Böse Mädchen trainieren hart

Ich verrate Dir etwas: Erst durch Dich merke ich, wie steinig der Weg der Frauen zu einem gleichberechtigten Leben immer noch ist. Das beginnt schon bei der Hygiene im Säuglingsalter. Instinktiv werden Mädchen anders behandelt als Jungen. Waschen, eincremen und massieren sind ja nicht nur dazu da, Euch in saubere, wohlriechende Wesen zu verwandeln. All diese Berührungen haben einen doppelten Sinn, denn Ihr Babys lernt Euren Körper erst durch unsere Berührungen kennen; durch Mutterhände, die Euch versorgen und herzen, und durch Eure eigenen Hände, mit denen Ihr auf Entdeckungsreise geht. Wird ein Baby bloß ernährt und nicht liebevoll berührt, stirbt es.

Eine Tante ermahnte mich, Deine Schamlippen beim Windelwechseln und Waschen nicht zu berühren, sonst würden sie sich entzünden. Dabei verzog sie verschämt ihr Gesicht und blickte sorgenvoll drein. Bei Buben sei das etwas anderes, die sollten überall kräftig gewaschen werden. Ich sagte ihr erst gar nicht, was ich von diesem Vorschlag halte, sondern wischte Dich weiterhin überall sorgfältig ab, cremte Dich ein und hoffte, daß Dein jetziges und späteres Lustempfinden nicht mehr durch irgendwelche Berührungstabus eingeschränkt werden würde.

Viele Mütter reagieren auf die Welteroberung ihrer Mädchen noch immer ängstlicher als auf die wilden Aktivitäten der Jungen. Oft reicht ja schon die Sorge und der Zweifel in Mutters Gesicht, um einem Mädchen das Klettern auf Kommoden, Regale und Leitern zu vermiesen. Auf ihren Sohn ist die gleiche Mutter womöglich stolz, spricht von *ihrem* Helden und spornt ihn dadurch an, noch wilder und unbändiger zu sein. Das spätere Erleben beider Kinder wird jedoch von Mutters feinen Verhaltensunterschieden beeinflußt. Wird dem Mädchen die Großartigkeit der Liebesaffäre mit der Welt vorenthalten, darf es den Einsatz seines Körpers nicht so intensiv erleben wie sein Bruder, so werden später die Grenzen seines Körperichs weniger ausgeprägt sein, analysiert die Kinderpsychologin Louise Kaplan: «Das Gefühl ohnmächtigen Geschehenlassens wird nie hinreichend ausgewogen sein durch das Gefühl von Beherrschung und aktivem Tun.» Diese frühe Weichenstellung scheint mir ein Grund dafür zu sein, warum Frauen noch immer Bücher wie «Gute Mädchen kommen in den Himmel, böse überallhin» brauchen.

Ich selbst bin immer ein wildes Naturkind gewesen und durfte als Älteste wohl auch die Rolle des mutigen Helden und unzähmbaren Lausbuben spielen. So kommt es mir jetzt gar nicht in den Sinn, Deine Welteroberungsfeldzüge mit ängstlichen Blicken zu behindern.

Rain, Ende Juni 1997

Keine Angst vor Fliegerangriffen

Ist das hier nicht ein Kinderparadies? Du freust Dich über den großen Park, die Hunde, die fürsorglichen Haushilfen und die anderen Enkelkinder. Noch seliger aber sind vielleicht Deine Großeltern. Sie genießen, daß ihr großes, helles und stets für Kinder offenes Haus wieder von Kinderlachen und Indianergeschrei erfüllt ist. Kaum waren die ersten Enkelkinder in die Welt gesetzt, haben sie das ganze Spielzeugarsenal, mit dem schon wir das Haus übersät hatten, vom Dachboden geholt. Jetzt kann man wieder auf dem Dreirad, dem Traktor oder mit dem Leiterwagen rund um den langen Eßtisch fahren und die Akustik des Tonnengewölbesaals mit gellenden Freudenschreien testen. Es gibt Schaukelpferde und Puppenwägen, und im Salon wurde sogar eine riesengroße alte Reisekiste aufgestellt und mit Eisenbahnen, Bauklötzen und Playmobil-Bauernhäusern angefüllt. Nie habe ich seither meinen Vater über die kindliche Unordnung klagen gehört. Bloß seine CD- und Plattensammlung ist ihm einigermaßen heilig. Ob er auch als Vater *so* tolerant war?

Ich habe einen Bandscheibenvorfall und kann mich nicht bewegen. Deshalb wirst Du ganz von Deinen Großeltern versorgt. Es macht sie glücklich, selbst wenn sie in der Nacht aufstehen müssen und um sechs wieder von Dir geweckt werden. Sie wickeln Dich und lassen Dich in ihrem Bett toben. Du weißt gar nicht, was Du für ein Glück hast. Stell Dir vor, Dein Großvater hat seine Großmutter nur ein einziges Mal gesehen. Er mußte mit seinen Geschwistern in Matrosenanzügen im Gänsemarsch bei ihr im Salon erscheinen. Sie bekam einen Handkuß von jedem der artigen Knirpse und diese von ihr einen Schilling und ein wohlwollendes Lächeln. Dann marschierten sie rückwärts und mit gesenkten Köpfen wieder zur Tür hinaus. Das war's.

Aber auch die Mutter Deines Großvaters hatte noch sehr viktorianische Erziehungsvorstellungen. Sie versuchte, jeglichen Körperkontakt zu ihren elf Kindern zu vermeiden, und umarmte sie deshalb äußerst selten. Sie war eine warmherzige, gescheite Frau, aber sie fürchtete sich davor, eine zu enge Bindung zu ihren Sprößlingen aufzubauen. Angeblich wollte sie vermeiden, daß der Trennungsschmerz für die Kinder unnötig vergrößert würde, falls sie früh sterben sollte. In Wirklichkeit hinderte sie wohl das allgemeine Körpertabu ihrer Zeit daran, die natürlichen Mutterinstinkte auszuleben.

Was muß sie sich und ihren elf Kindern damit für eine Gewalt angetan haben. Nicht einmal bei den nächtlichen Fliegerangriffen im Zweiten Weltkrieg durften sich die Kinder im Bett der Eltern die Angst vertreiben. Die Eltern gingen nicht einmal zu ihren Kleinen ins Schlafzimmer, um sie dort zu trösten. Angst gab es einfach nicht.

Vielleicht war Deine Urgroßmutter einfach pragmatisch. In jedem Falle war sie tapfer. Am Ende des Krieges warf sie die Partisanen aus dem Haus und erklärte die Beschlagnahmung ihres Hauses für null und nichtig. Sie pflegte ihren todkranken Mann mit Topfenwickel, denn Medizin gab es in diesen Jahren keine mehr, und sie gebar ihm alles in allem 13 Kinder. Zwei davon starben in der Schwangerschaft, zwei kamen nicht mehr aus dem Krieg zurück. Wenn sie ein Baby erwartete, erfuhr es höchstens ihre Kammerzofe und irgendwann wohl auch ihr Mann. Die älteren Kinder hingegen bemerkten die Ankunft des neuen Brüderchens oder Schwesterchens immer erst, wenn sich ihre Mutter zur Geburt ins Krankenhaus begab.

Und noch eine erstaunliche Geschichte: Dein Großvater durfte das Zimmer seiner Schwestern nie betreten, denn Jungen und Mädchen wurden strikt voneinander getrennt erzogen. Irgendwann begann er zu glauben, daß mit den Mädchen etwas nicht in Ordnung sei, weil sie so abgeschottet wurden. Falls er sich später auch manchmal noch dachte, daß Frauen irgendwie nicht in Ordnung sind oder einfach komisch, wehleidig, schwach oder sonst was, wer kann es ihm verübeln?

• • •

Rain, Ende Juni 1997

Der Atem der Welt

Ich habe Dir Cornflakes zum Frühstück gegeben und damit ohne zu wissen, Deinen Wortschatz angeregt. Die knusprigen kleinen Maischips eignen sich offenbar hervorragend zum Erforschen von Lauten. Konzentriert nimmst Du also ein Stück zwischen die Finger und steckst es in den Mund, dann lauschst Du verzückt den Knackgeräuschen, die Du beim Kauen produzierst und schaust mich anschließend triumphierend an. Voller Hingabe wiederholst Du das Experiment mehrere Male, bis Du plötzlich strahlend «gaga», «baba», «glagla» sagst. Es klingt ganz so wie das Geräusch beim Cornflakeskauen. Seither redest Du viel, liest laut Prospekte vor und sprichst mit ernsthafter Miene auf mich ein, wartest eine Antwort ab, um dann fröhlich weiterzubrabbeln.

Ich empfinde es als großes Glück, Dir beim Lernen zuschauen zu dürfen, nicht nur, weil man sich als Mutter eben freut, wenn das Baby Fortschritte macht. Mich fasziniert die Methode, mit der Du Dir die Welt aneignest, und ich wünsche mir, von Dir zu lernen. Ihr Babys geht Euer Leben mit einem vor Freude leuchtenden, vorurteilslosen Blick an und schert Euch nicht darum, wehrlos und verletzlich zu sein. Jeden Augenblick neu gebt Ihr Euch staunend Eurer Aufgabe hin, spielend, unverkrampft und doch mit einer Ernsthaftigkeit, die jedem erwachsenen Forscher zur Ehre gereichen würde. Körper und Geist arbeiten noch zusammen, ohne einen Gedanken auf ihr Getrenntsein zu verschwenden. Euer Denken ist Handeln und umgekehrt. Und Ihr tut die Dinge um der Dinge willen, nicht um damit Geld zu verdienen, anderen Menschen zu imponieren, Macht zu erlangen oder berühmt zu werden.

Ihr befindet Euch in einem Zustand, den Erwachsene durch Meditation und endlose «Sorge-Dich-nicht,-lebe-Seminare» erst wieder zu erreichen versuchen. Alle spirituellen Lehrer und Bewußtseinstrainer reden vom ursprünglichen Blick auf die Welt und davon, wie heilsam es ist, in jenem kindlichen Zustand des Hier und Jetzt zu leben, zwar jede Minute sein Bestes zu geben, das Ergebnis der Bemühungen aber loszulassen. Sie demonstrieren ihren Schülern, wie man sich dem «Atem der Welt» hingibt.

Du, kleine Maus, bist noch ganz eins mit diesem sogenannten Atem der Welt. Doch mit dem Lernen kommt auch der Fluch, der diese Einheit schließlich zerstören wird. Der Fluch ist die Sprache, die Dir die Möglichkeit in die Hand gibt, über Dich selbst nachzudenken und Vergangenes und Zukünftiges zu verarbeiten. Wenn Du sprechen können wirst, wird einiges von Deinem jetzigen Zauber vergangen sein.

• • •

München, Mitte August 1997

Löcher im Pyjama

Du bist jetzt zehn Monate alt, krabbelst in der gesamten Wohnung herum, ziehst Dich an Stühlen, Tischen und Kommoden hoch und versuchst, das Sofa zu erklimmen. Energiegeladen bist Du den ganzen Tag damit beschäftigt, Deine Beweglichkeit zu verbessern, neue Dinge in die Hand zu bekommen und komplizierte Laute zu formen. Für den Haushalt und Dein

Aussehen hat das natürlich Folgen. Langsam spürt man, daß in dieser Wohnung nicht nur ordentliche Erwachsene wohnen, sondern sich auch ein werdendes Kleinkind seinen Platz erobert. Schon ist das Wohnzimmer nicht mehr spielzeugfrei, und Haustürschlüssel finden sich oft in der Waschmaschine wieder. Auch die Zeit des appetitlich in Rosa gekleideten Neugeborenen ist passé, statt dessen hat die Phase der vom Krabbeln schmutzigen Strampelhosen, der Karottenflecke und der Wäscheberge begonnen.

In dieser Phase sollte man nicht pingelig sein, lese ich und empfinde es als Bestätigung meiner Erziehungsvorstellungen. Dir ist jetzt einzig und allein die Welteroberung wichtig. Deinem Papi aber scheint diese Inbesitznahme sämtlicher Lebensbereiche reichlich bedrohlich. Irgendwann einmal gab es doch Kinder, die bloß in ihrem Kinderzimmer spielen durften, gab es Großmütter, die die Löcher im Pyjama stopften, und Mütter, die sich bemühten, aus ihren Sprößlingen adrette, gehorsame kleine Erwachsene zu machen. Wie gut, daß jene Zeiten vorbei sind.

Ganz automatisch und voller Vehemenz verteidige ich das, was ich als Deine momentan vorrangigen Bedürfnisse erkenne, pflege Deine ungezügelte Lebendigkeit und staune über Deinen kreativen Babygeist. Sogar das ständige Mundabputzen, das manche bei Kindern in Deinem Alter für unerläßlich halten, empfinde ich als ein unzulässiges Dir-über-den-Mund-Fahren, als Symbol dafür, wie gerne Erwachsene Babys und Kleinkinder in Schranken weisen, sie zu- und abrichten wollen.

Dabei ist es doch so einleuchtend, daß Mehl in der Dose keinen Sinn ergibt und sein Zweck sich erst erfüllt, wenn das feine flauschige Pulver durch die Finger rieselt. Was bringt eine zusammengelegte Zeitung, wenn man damit so schön die Böden der Wohnung tapezieren kann, wozu sind Blumen da, die man nicht zerzupfen darf, und CDs, wenn sie bloß ein langweiliges Dasein im Regal fristen dürfen?

• • •

München, Mitte August 1997

Kindheitserinnerungen

Am Morgen, wenn ich Dich aus Deinem Gitterbett hebe und Dir eine Flasche füttere, rührt mich die friedliche Atmosphäre Deines sonnigen und farbenfrohen Kinderzimmers. Die Regale mit den Kinderbüchern, die Stofftiere, die Papageien, die als Mobile durch den Raum schweben, die Hundestehlampe und Deine erste Puppe – alles scheint mir zu Dir zu gehören. Dabei habe ja ich Dein Reich so gestaltet. Ich finde also in Wirklichkeit meine realisierte Vorstellung von Kindheit so anrührend.

Seit Du auf der Welt bist, tauchen Erinnerungen an meine eigene Kindheit wie Treibgut am Strand wieder auf. Mir ist zum Beispiel schon passiert, daß ich plötzlich gedankenverloren ein Kinderlied summte, das meine Mutter gesungen hat, als ich klein war. Nie und nimmer hätte ich mich bewußt daran erinnert. Es war plötzlich wieder da, und nun versuchte ich, Dich damit in den Schlaf zu wiegen. Als ich einmal Deine Omama dabei beobachtete, wie sie Dir und ihren anderen zwei Enkelkindern einen Marienkäfer zeigte, den sie im Gras entdeckt hatte, mußte ich mir die Augen reiben. Da stand ich und versuchte, die Kinder für die Vielfalt der Natur zu begeistern.

Vor ein paar Tagen sagte ich voller Überzeugung zu einer Freundin, daß Du Dir ein Geschwisterchen wünschst. Sie erwiderte: «Wieso glaubst Du das zu wissen?» Ich antwortete ihr, daß ich Dich nur anzusehen brauche und ob sie nicht bemerkt habe, wie freudig Du auf Kinder reagierst. Nun sah sie mich wirklich verdutzt an und murmelte, daß sie als Einzelkind aufgewachsen sei, daß meine Beobachtung ihr aber recht unplausibel vorkomme. Es stimmt: Mit Deinen zehn Monaten bist es wohl noch nicht Du, die sich einen kleinen Bruder oder eine kleine Schwester zum Spielen wünscht. Wahrscheinlich habe ich meine eigene Kindheit in Dich projiziert, denn als ich zehn Monate alt war, war meine Mutter im sechsten Monat mit meiner Schwester schwanger.

Wie sehr nur wird unser Handeln als Eltern davon geleitet, was wir selbst in unserer Kindheit erlebt haben, was wir damals liebten oder haßten, und mit welchen Werten wir aufgewachsen sind. Nun: Ich denke, daß ich Dir oft ganz aus dem Bauch heraus eine gute Mutter bin, weil ich eine Geborgenheit schenkende Mutter erlebt habe. Hätte sie selbst eine gewaltvolle Kindheit hinter sich oder eine zu mütterlicher Liebe unfähige Mutter erlebt, wäre ihr der Umgang mit mir bestimmt schwerer gefallen. Dann wäre auch mein Verhältnis zu Dir, mein Kind, nicht so spielerisch und selbstverständlich, wie es nun einmal ist.

• • •

München, Mitte August 1997

Ich bin Dir ausgeliefert, mein Liebes

Mein Vater hat einmal gesagt – und es war keine Sekunde lang kokett gemeint –, daß er seinen Lebensstil um nichts verbessern würde, falls er im Lotto gewinnen würde. Ganz ernst und so, als sei es die selbstverständlichste Sache der Welt, meinte er, daß er das Geld seinen Kindern geben würde, denn schließlich hätten *sie* noch etwas aufzubauen. Er erwartete weder Lob noch Dankbarkeit für seine Haltung, denn er sagte all dies, ohne eine Sekunde nachdenken zu müssen. Aus ihm sprach einfach nur seine selbstlose und großzügige Vaterliebe.

Was zeichnet nur diese kraftvolle Liebe von Eltern zu ihren Kindern aus? Es ist Nachmittag, und Du bist in meinen Armen eingeschlafen. Normalerweise bleibst Du jetzt ja keine fünf Sekunden mehr auf meinem Arm, willst immer wieder fort, kaum hast Du meinen Schoß erklommen. Also genieße ich, daß ich für einige Momente Deinen Schlaf bewachen darf. Deine Backen sind rosig, und die Arme sinken gelöst auf meinen Schoß. Deine Augen bewegen sich schnell hinter den Lidern, mein Engel. Was träumst Du bloß?

Ich bin Dir völlig ausgeliefert, mein Liebes.

Vor einer Woche besuchte mich eine Freundin mit ihrem Säugling. Auf den ersten Blick empfand ich das drei Monate alte Wesen weder sehr süß, noch wollte ich mich mit ihm auseinandersetzen. Doch dann erfuhr ich, daß der Kleine nach der Geburt fast gestorben wäre. Ich beobachtete den madonnenhaften Blick der Mutter auf das Kind und begann mit dem Kleinen zu reden. Er lächelte mich an und gluckste ein wenig. Im Nu hatte er mich erobert.

Beziehungen entstehen durch Auseinandersetzung. Die Wirklichkeit eines null bis sechs Monate alten Kindes ist jedoch so anders als die Welt der Erwachsenen, daß man ohne intensive Beschäftigung und Zuwendung zu dem kleinen Geschöpf keinen Zugang bekommt. Dann entsteht wohl auch keine große Liebe. Mütter haben den Vorteil, daß sie meist mit der Geburt auch einen kleinen Vorschuß an Mutterliebe von der Natur mitgeliefert bekommen, aber auch sie können die Bindung ablehnen, indem sie sich nicht mit ihrem Kind befassen.

Der Umstieg vom Rhythmus eines Erwachsenenlebens auf den Rhythmus eines Babys kostet Anstrengung, besonders für denjenigen, der es gewohnt war, den ganzen Tag außer Haus zu sein. Wer sich aber nicht entsprechend einläßt, ist nicht geduldig genug für die Spiele des Babys, für endlose Wiederholungen und für Gespräche in einer anderen, Körper, Emotionen und Geist gleichermaßen fordernden Sprache. Barbara Sichtermann hat schon in den 70er Jahren vermerkt: «Die am weitesten verbreitete Form der

Entwicklungsvernachlässigung von kleinen Kindern ist heute die Gereiztheit und Ungeduld der Erwachsenen.»

• • •

Kitzbühel, Ende August 1997

Die Babyhülle schwindet

Jeden Tag sehe ich einen Teil Deiner Babyhülle schwinden, wie ein Kleid, das Du abstreifst. Darunter kommt das Kind zum Vorschein. Willkommen, mein Kind, ich freue mich auf Deine Kleinkindphase. Manchmal stehst Du in der Nacht in Deinem Gitterbettchen und weinst erschrocken. Du wachst gar nicht richtig auf dabei, aber ich spüre Deine innere Unruhe. Wie ein Manager, der sich die ganze Nacht in seinem Bett hin und her wälzt, weil ihm die Entlassungen und Krisensitzungen ins Gedächtnis schießen, oder wie Dein Vater, wenn er einen Film zu besetzen hat. Dein Lernpensum überfordert Dich offenbar und erzeugt bisweilen Streß.

Es ist eine große Leistung, innerhalb eines einzigen Jahres von einem kaum die Umrisse der Außenwelt wahrnehmenden Neugeborenen zu einem gehenden, viele Dinge kennenden Kleinkind zu werden. Es heißt, in den ersten drei Lebensjahren lernt ein Mensch so viel wie anschließend noch einmal bis an sein Lebensende. Ihr seid ein einzigartiges Kraftwerk, ihr Babys und Kinder. Wenn man ein Diagramm mit den Fortschritten zeichnen würde, die Du während Deines ersten Lebensjahres gemacht hast, und eines, wo meine Lernerfolge eingetragen wären, würdest Du 1:10 gewinnen. Und das, obwohl ich als Erstlingsmutter auch eine gehörige Menge dazugelernt habe.

• • •

Kitzbühel, Ende August 1997

Das Anziehfest

Ich sitze in der Stube unseres kleinen Ferienhäuschens und schreibe, während Du draußen im Sonnenschein einer kleinen Katze nachzukrabbeln versuchst. Der Bauer, dessen Hof sich am Hang unter mir befindet, fährt mit seiner Frau das würzig duftende Heu ein. Das Lachen ihrer vier Kinder und der Geruch von Kühen und Schafen dringt zu mir herauf, und kurz atme ich die Almluft ein. Die alte Bäuerin macht ein paar Schritte auf ihren müden Beinen. Sie besieht sich das fröhliche Treiben ihrer Enkelkinder, die länger werdenden Schatten der Kiefern, die Grummet, die heute besonders kräftig steht. Alles, was sie aufgebaut hat, wird von ihrem Sohn weitergeführt. Der Hof glänzt. Schon die ganzen letzten Jahre strahlt die Alte deshalb und wird nicht lebensmüde, denn sie empfindet es als keineswegs selbstverständlich, daß alles so gut gelaufen ist. Ihre Nachbarin am Hang weiter oben zum Beispiel hat das Schicksal härter angefaßt. Ihr Mann trinkt und schlägt sie, die Söhne tun es ihm nach. Langsam verkommt der Hof, und an der Bäuerin nagt eine böse Krankheit.

Wir haben ein neues Problem: Du willst Dich nicht anziehen lassen, und das schon seit einer Woche. Leider muß es in der Früh und am Abend geschehen, denn wir leben nicht in Afrika, kleine Wildkatze. Du schmeißt Dich einfach vom Wickeltisch herunter, windest Dich geschickt aus meinen Armen, tollst auf Betten und am Boden herum und hast einen Riesenspaß daran, Fangen zu spielen. Es *ist* auch lustig, nur hast Du ein anderes Zeitgefühl als ich und überhaupt keinen Sinn dafür, daß Du Dich – so nackt – verkühlen könntest. Mir bleibt keine Wahl, als Dich festzuhalten, was Du mit einem verzweifelten Wutgeschrei zu verhindern versuchst. Damit die Anziehprozedur erfolgreich ist, muß ich Dich gewaltsam gegen den Wickeltisch drücken, manchmal sind wir überhaupt nur zu zweit in der Lage, zum Ziel zu gelangen. Und was für ein Ziel! Zwar bist Du dann angezogen, dafür aber traurig und vom Weinen gezeichnet.

Die Situation ist völlig unhaltbar. Ich will mich gar nicht zwingen lassen, Dir körperlich weh zu tun. Im Gegenteil: Es tut mir selbst weh, wenn ich sehe, wie empört und verletzt Du auf dieses gewaltsame Anziehen reagierst. In dem Buch «Das kompetente Kind» von Jesper Juul lese ich gerade, daß man Kinder als kompetente Wesen ernst nehmen soll und wie man auf die Signale, die sie aussenden, hören kann. Was willst Du mir mit Deiner Verweigerung sagen? Dein Verhalten muß mehr als pure Spaßlaune sein, denn sonst würdest Du Deinen Willen nicht so bitterlich durchzusetzen versuchen. Vielleicht ist es für Dich im Moment einfach wichtig, meiner mütterlichen Hand zu entkommen, weil es toll ist, Macht über den eigenen Körper zu haben? Wenn es jedoch ein Machtspiel ist, möchte ich auf keinen Fall mitspielen, kleine Tochter. Ich will wirklich nicht gewinnen und schon gar nicht um den Preis der Nötigung.

Siehst Du, das könnte eine Lösung sein: Ich spiele einfach ein anderes Spiel, und langsam findest Du Gefallen daran. Ich lasse Dich an der ganzen Anziehzeremonie teilhaben, mache daraus ein Fest der Überraschungen und faszinierenden Spiele. Ich suche mit Dir zusammen die Kleider aus. Dann erkläre ich Dir lange und ausführlich, wie die nächsten Schritte der Zeremonie aussehen werden. Ich gebe Dir Popocreme auf den Finger, damit Du Dein «Bauchi» einschmieren kannst, während ich die Pampers befestige. Das unangenehme Pullover-über-den-Kopf-Ziehen wird zum lustigen Guckuck-da-Spiel, das Reinschlüpfen in die Hose zu einem Ereignis, das für kurze Zeit die Füße verschluckt, bis sie Gott sei Dank wieder zum Vorschein kommen und mit einem Kuß begrüßt werden. Schließlich noch die Schuhe, deren Einengung Du Dich so gerne durch heftiges Strampeln entziehst. Also blase ich warme Luft hinein und mache Dich neugierig darauf, wie sie sich anfühlen. So! Geschafft! Wir beide sind glücklich, und Du steckst in Deinen Kleidern. Es hat sich gelohnt, Dich für das Anziehen zu gewinnen, denn eine lustige Zeremonie braucht auch nicht länger und fordert weniger Frustrationen auf beiden Seiten.

Heute bist Du für einige Sekunden gestanden, ohne Dich festzuhalten. Du hast entdeckt, daß Du gut laufen üben kannst, wenn Du Dich zwischen die Füße Deiner Mami stellst, links und rechts ihre Beine als Stütze verwendest und mit ihr losmarschierst. Auch die Bank vor dem Haus eignet sich vortrefflich als Gehhilfe. Es ist praktischer und schneller, sich an ihr entlang zu hanteln, als sich fallen lassen zu müssen und zum Ziel zu krabbeln. Du wolltest ein Spielzeugauto haben, das unter dem anderen Ende der Bank lag. Deine Beine hast Du dabei ganz vergessen. Es sieht so aus, als könnten *sie* schon laufen und nur Du weißt noch nichts davon.

• • •

Kitzbühel, Ende August 1997

Segelboote ändern sich nicht

Nur einen einzigen Abend kam Dein Papi zu uns in die idyllische Bergwelt. Nachdem der folgende Tag Sonnenschein brachte, fuhr er kurzerhand wieder zurück an den Wolfgangsee, wo sein Segelboot lockt. Weder ich noch Du wußten von seinem Plan, uns so bald wieder zu verlassen, und wir waren nach seinem Abschied beide traurig und zart besaitet. Wir hatten uns auf ihn gefreut. Als er am Abend anrief, sagte ich ihm, daß sich sein Segelboot nicht mehr verändern würde, Du hingegen jeden Tag.

Für Mütter ist es wohl leichter, sich auf die Beziehung zu einem Baby einzulassen. Viele Männer geben zu, erst zu ihrem sprechenden und laufenden Kleinkind eine Bindung entwickelt zu haben. Vielleicht ist es in Deiner jetzigen Lebensphase auch noch nicht so wichtig, wie viel sich Dein Vater um Dich kümmert. Ich, die ich mich nun einmal voll Muse und mit jeder Faser meines Denkens und Fühlens auf unsere wachsende Beziehung eingelassen habe, kann jedoch nicht verstehen, wie Väter dieses tagtägliche Abenteuer des begeisterten Ins-Leben-Tretens versäumen können.

Vielleicht macht es angst, sich so bedingungslos auf einen anderen Menschen einzulassen. Solange ich Dich noch in meinem Bauch versteckt hatte, ergriff mich manchmal eine leichte Panik, denn ich ahnte schon, wie grundsätzlich Du mein Leben auf den Kopf stellen würdest. Nun, vor einer tiefen Beziehung zu Dir brauche ich mich nicht mehr zu fürchten. Der Ernstfall ist bereits eingetreten. Würde ich Dich wieder verlieren, ich wüßte kaum, wie ich weiterleben sollte.

Ich würde Dir gerne eine heile Familienwelt präsentieren. Doch erstens gibt es das nicht, und zweitens hat es gar keinen Sinn, Dir Konflikte zu verschweigen. Du würdest sie ja doch bemerken. Kinder kann man nicht betrügen. Eher noch lassen sich Erwachsene etwas vormachen, sie sind schließlich schon eingeübt im Verdrängen und Arrangieren. Sie haben sich mit ihren mehr oder weniger verletzten Seelen in dieser Welt eingerichtet und glauben, daß es gutgeht, wenn sie sich nicht mit den eigenen Schwächen auseinandersetzen.

Wenn ich Dich so erlebe, wie vital und hundertprozentig Du Dich auf das Leben und Deine Beziehungen einläßt, wie Du in Dir ruhst und für Deine Wünsche kämpfst, kommt es mir oft so vor, als würden Menschen, anstatt Charakterfähigkeiten im Laufe ihres Lebens zu erwerben, eher die seelische und emotionale Kompetenz verlieren, mit der sie, von der Natur reich ausgestattet, zur Welt gekommen waren.

• • •

München, Mitte September 1997

Verzeih mir, mein Kind

Du bist böse auf mich, nicht wahr? Du schlägst mich, heulst mich an und weist das Spielzeugauto zurück, das ich Dir mitgebracht habe. Es wirkt so, als wolltest Du sagen: «Du hast mir weh getan, jetzt tue ich Dir auch weh. Wenn ich Dich sehe, erinnerst Du mich daran, daß Du Dich von mir entfernt hast, erinnerst mich an den Verlust, mit dem ich schon so gut alleine fertig geworden bin. Also bleib doch weg! Oder nein. Ich klettere auf Deinen Arm. Halte mich fest, vielleicht tut das gut! Nein, in Deinen Armen fühle ich den Schmerz noch stärker, böse Mami. Plötzlich warst Du weg, und das Haus war so groß und leer, und zum Schluß sind auch noch die anderen Kinder weggefahren und dann auch noch die Omama. Immer mehr Leute waren einfach weg, und ich bin immer stiller geworden.»

Oh, mein Kind, mein armes liebes Kind. Etwas ist schiefgegangen. Ich war eine Woche am Meer und glaubte, Du seist bei Deinen Großeltern wie immer gut aufgehoben. Doch Deine Omama war sehr beschäftigt, und da ich kein Au-pair-Mädchen für Dich hatte, hat sie sich die Aufgabe mit dem Kindermädchen von Deinen Cousins geteilt. Unglücklicherweise mußte sie aber plötzlich ins Krankenhaus, und die Cousins reisten mit ihrem Au-pair wieder ab. Also bliebst Du bei Omamas fürsorglicher Haushilfe. Doch das ständige Kommen und Gehen von Dir mehr oder weniger bekannten Gesichtern konntest Du offenbar nur als lebensbedrohenden Verlust erleben. Es tut mir so leid, verzeih Deiner Mutter. Sie hat nicht nachgedacht. Natürlich brauchst Du jetzt mehr denn je eine feste Bezugsperson.

Noch nie habe ich Dich so traurig, so zurückhaltend und so verunsichert erlebt. Kurz leuchtet Dein Gesicht auf, wie ich es von Dir gewohnt bin, und Du fragst mit einer viel zu leisen, verletzten Stimme: «Dada?» «Mama?» Aber sogleich verlöscht es wieder, und der traurige, ängstliche Gesichtsausdruck kehrt zurück. Es ist so, als hätte Dich ein Teil Deiner sonst so überschäumenden Lebenskraft verlassen und sich Dein Körpergeist nach innen gekehrt.

Fünf Tage sind vergangen, und langsam wirst Du wieder die klare, starke Helena, die Du normalerweise bist. Ich bin die ganze Zeit für Dich da. Wir gehen mit Deiner kleinen Freundin Jilian und ihrer Mutter in den Zoo. Es ist ein schöner, freundlicher Herbsttag, und ihr streichelt Ziegen, füttert Fische und seht bei der Eisbären-Fütterung zu. Wieder zu Hause, lasse ich Dich für ein paar Sekunden im Buggy vor der Haustüre stehen, um die Wohnungstüre aufzuschließen. Sofort fängst Du an zu weinen, armes Kind. Du willst ununterbrochen auf meinem Arm sein, und ich muß Dich sogar in die Küche zum Fläschchenkochen mitnehmen, wenn Du in der Nacht aufwachst.

Bis jetzt dachte ich immer, daß das Kinder-alleinelassen-Problem ein Problem der heutigen berufstätigen Müttergeneration ist und daß die Generation der Nur-Mütter-und-Hausfrauen dieses Problem nicht kannte. Was für ein Irrtum. Im Gegenteil: In der Generation meiner Mutter hat man seine Kinder mit viel weniger Skrupel alleine gelassen. Damals waren die Ergebnisse aus der Säuglings- und Kleinkindforschung noch nicht so bekannt wie heute. Aber auch damals hat es Kindern nicht gutgetan. Dein Kinderarzt war sowieso dagegen, daß ich Dich für länger als vier Tage alleine lasse, bevor Du zwei Jahre alt bist. Er hat einfach recht.

Mein Armes, noch bist Du ja dazu verdammt, mich zu lieben, egal, was ich tue, egal, wie oft ich Dich verlasse, egal wie sehr oder wie wenig ich Deine Liebe erwidere. Ich habe gelesen, daß schon Frühgeborene Verlustängste haben können. Wenn man ihnen ein Tonband mit den Geräuschen aus dem Bauch ihrer Mutter in den Brutkasten legt und nach einer Weile die Herz- und Magentöne wieder abschaltet, weinen die kleine Wesen.

Jetzt werde ich Dich nicht mehr so lange alleine lassen und schon gar nicht ohne einen Dir gänzlich vertrauten und ausschließlich für Dich zuständigen Menschen. Wenn es sein muß, werde ich Dir erklären, daß ich nun weggehe und daß ich bald wiederkomme. Außerdem werde ich von unterwegs aus mit Dir telefonieren. Ja, telefonieren! Ein Freund erzählte mir, daß er mit seinen Kindern immer telefoniert hat, selbst als sie noch ganz kleine Babys waren. «Kinder sind nie zu klein», sagte er mir, als ich ihn etwas skeptisch anblickte. Es stimmt, oft staune ich darüber, wieviel Du schon verstehst. Beim Telefonieren würdest Du meine Stimme hören, und vielleicht würde Dich das beruhigen.

• • •

München, Anfang Oktober 1997

Freie Schritte in die Weite offener Räume

Es passierte ganz plötzlich: Soeben habe ich die Haustür aufgesperrt und die Einkaufstaschen in der Küche abgestellt. Als ich wieder zum Eingang zurückkehren will, um Dich dort aufzuheben, wo ich Dich zuvor schnell abgesetzt hatte, geschieht das Wunder! Du stehst im Gang, strahlst mutig und erwartungsvoll, läßt den Stuhl los, der Dich gerade eben noch gestützt hat, und kommst auf mich zu. Sofort schmeiße ich meine Handtasche in die Ecke, gehe in die Hocke und breite jubelnd meine Arme aus. Ein, zwei, drei Schritte, jetzt wankst Du, noch ein Schritt, und plumps sitzt Du glücklich auf dem Boden. Was bin ich stolz auf Dich, mein Kind! Du kannst gehen, freihändig gehen!

Noch einmal, bitte. Bitte nur noch ein paar Schritte, zeig mir, wie Du das geschafft hast. Aber nein. Für heute hast Du genug, bist wahrscheinlich selbst ganz erschrocken über Deine Kunst.

All Dein Üben, Dein Ausgreifen in die Welt, Dein Fortwollen von meinem Schoß. All das Krabbeln, Sich-Aufstellen und Klettern ist die großartige Choreographie, an deren Höhepunkt Du triumphierend auf eigenen Füßen stehst und fortgehst. Deine Liebesaffäre mit der Welt hat ihren Höhepunkt erreicht. Du wirkst mehr denn je Deiner selbst sicher, zelebrierst Dein neues Können wie ein Zauberer seine Tricks und scheinst gänzlich verliebt in die Weite offener Räume.

Noch hilft Dir unsere Aufmunterung bei Deinen taumelnden Schritten. Wir sind bei einer Freundin im Garten. Sie und ich sitzen einander gegenüber im Gras, und Du wackelst zwischen uns hin und her. Unsere Begeisterungsrufe sind wie ein Aufputschmittel für Dich. Sie fordern Dich heraus und spornen Dich zu einer wahren Höchstleistung an. Sechsmal hin und her, immer sicherer hält Dein Körper die Balance, immer freudestrahlender wird Dein Gesicht. Einmal schaffst Du es für einen Augenblick innezuhalten, nicht umzufallen, dann zum nächsten Schritt anzusetzen und den Weg fertig zu gehen. Ganz automatisch haben wir beiden Mütter mit Dir diese Übung gemacht, wie wenn es in uns angelegt wäre, so auf ein zum Gehen bereites Kleinkind zu reagieren. Bald wirst Du keine Aufmunterungen mehr brauchen, sondern selig jede Gelegenheit zum Laufen ausnützen. Bald wirst Du nicht mehr bloß langsam Schritt für Schritt machen, sondern ausschließlich davonstürzen, so als wäre es eine überflüssige Zeitverschwendung, bloß zu gehen, wenn es doch so viel zu entdecken gibt in der Welt.

Dein Entwicklungsschub ist total. Nun, nachdem sich Dein Körper derart selbstverwirklicht hat, fließt auch die geistige Entwicklung ungehinderter denn je zuvor. Neues Verstehen! Wenn man Dich nach Deinen oberen Zähnen fragt, zeigst Du stolz auf sie – und zwar auf die vier, weißen Milchzähnleins des Oberkiefers. Neues Reden! Du führst plötzlich Selbstgespräche und ahmst Sätze nach – in der Intonation vollkommen korrekt. Bei Tisch zeigst Du auf die Dinge, die Du haben willst und gibst Deine Kommentare, genau so wie wir, bloß klingt es – kirgisisch würde ich sagen.

• • •

München 10. Oktober 1997, Dein erster Geburtstag

Fanta, Smarties und Kinderschokolade

Heute bist Du ein Jahr alt: Dich läßt das bevorstehende Ereignis kalt, denn Du weißt noch gar nicht, was ein Geburtstag, geschweige denn ein Kindergeburtstag ist, während ich schon zwei Tage zwischen Panik und Hochstimmung hin- und herschwanke. Ich habe zehn ein- bis zweijährige Kinder und deren Mütter oder Väter eingeladen, Dein Au-pair-Mädchen und ich wälzen schon seit Tagen Kochbücher, um die richtigen Torten backen zu können, schweren Herzens habe ich mich unter all den farbenfrohen Papiertellern und Plastikgläsern schließlich für das «König-der-Löwen-Motiv» entschieden und viel zu viel Fanta, Kinderschokolade, Smarties, Lutscher und Würstel mit Ketchup eingekauft. Ich weiß ja gar nicht recht, wie man Kindergeburtstage feiert, und so habe ich erschöpft meine Freundin um Unterstützung gebeten. Sie hat drei Kinder und veranstaltet jährlich dreimal die kreativsten und liebevollsten Feste für ihre Töchter.

Was sollen wir spielen? Was kann man überhaupt mit zehn so kleinen Kindern anfangen? Denkst Du, die dürfen schon Torte essen? Was ist, wenn sie alle gleichzeitig drauflos heulen? Ich überschüttete sie mit Fragen, und sie versprach, schon etwas früher zu kommen. Ihre schon viel älteren Töchter wollten es sich auch nicht nehmen lassen, beim Geburtstag *ihrer* kleinen Freundin Helena dabeizusein und mir mit ihrer viel größeren Spielerfahrung zur Seite zu stehen.

In einer Stunde kommen die Gäste. Wirst Du dieses ganze Tamtam überhaupt genießen? Im Moment jedenfalls bist Du aufgeregt, trappelst zwischen den Kindertischen herum und zeigst auf die Kerzen. «Da-da, ma-ma». Bitte laß sie jetzt stehen, gleich werden wir sie anzünden. Schau, Du kannst diese Papierschlangen noch im Raum verteilen. Hier, nimm, ein paar Smarties, nur für Dich. So, fertig. Ich nehme Dich auf den Arm und überlege kurz, ob ich mit all dem *Dich* oder nicht viel mehr *mich* feiere. Es soll ein Freuden- und Dankesfest für Dein erstes Lebensjahr bei uns sein. Vielleicht wäre die Hälfte der Kinderanzahl Deinem

Alter angemessener gewesen, aber mit einem großen Fest will ich Dir und wohl auch mir zeigen, daß ich bereits ein soziales Umfeld für Dich geschaffen habe.

So, die Tür fliegt auf, und die ersten Gäste sind da. Lautes Gejohle, Geschenke werden überreicht, es klingelt, die nächsten erscheinen, anschwellendes Kindergeschrei. Die nachdenkliche Ruhe vor dem Wirbelsturm ist nun endgültig vorbei. Alles wird von der geballten Kinderenergie erfaßt und mitgerissen. Zehn ausschließlich im Augenblick lebende kleine Menschen entfalten ein rauschhaftes Erlebnis, das ebenso intensiv wie schnell vorüberfliegt. Dazwischen bleibt keine Sekunde für typisch erwachsene Lebensart, für Innehalten, Zurückblicken, Beobachten oder gar Abschweifen. Ich lasse mich vom Kinderlachen anstecken, hüpfe, tanze, singe und bekomme ebenso rote Backen wie Du.

Am Abend dann, als die letzten gegangen sind, wühlst Du mit uns Eltern im großen Geschenkpapierhaufen, den wir nach dem wilden Auspacken aufgetürmt haben, und tollst mit Deinem Papi durch die Wohnung, die noch vom Kinderlachen nachhallt. Überall hängen die bunten Papierschlangen wie fröhliche Kindergedanken, die noch durch die Räume geistern. Ich bin zufrieden und beginne seufzend das Chaos zu beseitigen, Teller wegzuschmeißen, Schokoladestückchen vom Boden zu kratzen, Smarties aus den Polsterritzen hervorzuholen und halbvolle Becher mit Fanta auszuleeren. Dann bringe ich Dich ins Bett. Du bist noch so erfüllt von den Erlebnissen des Tages, daß an Schlafen gar nicht zu denken ist. Du redest ununterbrochen, krabbelst lachend davon, willst noch ein Buch und dann noch ein Buch anschauen und wieder und wieder auf mir herumturnen. War es also auch für Dich ein schöner Geburtstag, mein Herz? Nun schlaf wohl, Du Himmelsgeschenk.

• • •

München, Anfang November 1997

Die Kehrseite des Mutterglücks

Ein Verwandter hat einen Gesprächskreis gegründet: Aus jeder Berufssparte soll ein interessanter Vertreter – es darf auch eine Frau sein – daran teilnehmen. An mich hat er nicht gedacht. Er sagte doch glatt: «Ich wußte nicht, für welche Sparte ich Dich einteilen sollte», obwohl er bis zu Deiner Geburt immer stolz auf seine schreibende Cousine war. «Du vertrittst ja momentan keine Branche», meinte er, und ich nickte leicht säuerlich. Ist es schon so weit mit mir gekommen? Mir selbst kommt es nämlich nicht so vor, als wärest Du mein einziges Interesse. Aber auch Dein Vater hat sich neulich beschwert. Er meinte, ich würde mich zu sehr Deinem Rhythmus unterwerfen und alles andere, inklusive ihn, vernachlässigen. Bin ich jetzt für alle uninteressant? Bin ich aus dem öffentlichen, erwachsenen Leben herausgeplumpst und in die Mutter-Kind-Falle geraten?

Auch sogenannte Nur-Mütter fragen mich ständig, was und ob ich wieder arbeite. Das erwartet man offenbar von einer einst berufstätigen Frau. Oder suchen sie selbst einen Ausweg aus der ursprünglich selbst gewählten Falle? Dabei ist es doch schon falsch, «Nur-Mutter» zu solchen Frauen zu sagen, so als meinte man damit, daß sie nichts tun. Auch meine Mutter galt als Nur-Mutter und Hausfrau, war aber mit ihren fünf Kindern, die sie gewissenhaft und zeitintensiv betreute, dem großen Haus, in dem andauernd Gäste ein- und ausgingen, und ihren Schwiegereltern, die versorgt werden mußten, wahrscheinlich so beschäftigt wie ein Hoteldirektor und eine Kindergärtnerin zusammen.

Offenbar nimmt man mich so wahr, wie ich mich fühle: als Nur-Mutter eben, der das Selbstbewußtsein abhanden gekommen ist. In Wirklichkeit erwirtschafte ich als freie Journalistin aber immerhin das Geld für die Kinderbetreuung und einen guten Teil des Haushaltes. Dabei arbeite ich ja nur wenige Stunden am Tag. Deine Abnabelung hat schon begonnen, in einem Jahr wirst Du in eine Spielgruppe gehen und wieder ein Jahr darauf in den Kindergarten. Mir wird bald gar nichts anderes mehr übrig bleiben, als mich dann wieder stärker mit mir selbst zu beschäftigen und meinen Beruf wieder ernsthafter zu betreiben. Als erstes aber schwöre ich mir, daß es nicht mehr passieren wird, daß man mich als angebliche Nur-Mutter nicht zu diversen Gesprächszirkeln einlädt.

• • •

München, Januar 1998

Aus dem Nest gefallen

Vor dem Fenster sitzt ein aus dem Nest gefallenes Amselkind. War es vorlaut und hat sich zu weit nach vorne gebeugt? Wird es sich ohne schützendes Nest entwickeln können? Wohl kaum. Wenn Du ein bißchen älter sein wirst, wirst Du dann auch all die kleinen Amseln, Raben, Mäuse und Hasen, die ihre Mütter verloren haben, großziehen wollen? Ich hatte als Kind unzählige Waisenkinder: winzige Feldmäuse zum Beispiel und Vögel, die noch einen gelben Schnabel hatten, ein Signal für deren Mütter, nur ja ständig ans Füttern zu denken. Katzen, die noch so klein waren, daß sie die abgekochte, stark verdünnte Kuhmilch nicht überlebten, die wir ihnen mit der Puppenflasche zu füttern versuchten. Später, als ich schon im Gymnasium war, hatte ich einen Sommer lang eine vorlaute Krähe, deren Lieblingsbeschäftigung es war, den Hut von Großvaters Kopf zu stoßen und sich dann auf seiner Schulter niederzulassen. Und schließlich gab es auch noch meinen Abiturhasen. Ein richtiger Feldhase war das, der als einziger seiner Familie ein Massaker im Wald überlebt hatte. Den Rest der Familie hat wahrscheinlich der Fuchs verspeist. Dieses Baby habe ich damals schon recht ähnlich bemuttert wie Dich heute. In der Nacht durfte es meist in meinem Bett schlafen und untertags neben mir am Schreibtisch Löwenzahnsalat fressen. Alle Tierkinder, die trotz unserer fürsorglichen Pflege nicht gerettet werden konnten, wurden hinter unserem Haus stets feierlich begraben.

Tierexperimente reizten uns Mädchen nie. Nur die Jungen quälten Regenwürmer und Insekten, schossen mit ihren selbstgebastelten Steinschleudern auf Vögel, experimentierten mit Mäusen und ernteten für all das unsere blanke Verachtung. *Ein* Mädchen allerdings wollte seinem Dackel das Ohr abschneiden. Sie ist heute Tierärztin.

Wer hilft all den Kindern dieser Erde, die aus dem Nest gefallen sind? Zwei Millionen von ihnen sind in den letzten zehn Jahren bei kriegerischen Auseinandersetzungen ums Leben gekommen, sechs Millionen erlitten schwere Verletzungen. Kinder werden mißbraucht und in den Krieg geschickt. 300 000 Kindersoldaten zählten die Vereinten Nationen zuletzt. Und wie viele leiden im ehemaligen Jugoslawien entsetzlich, mußten fliehen und erleben, daß ihre Mütter vergewaltigt, ihre Väter ermordet, ihr Zuhause in Brand gesteckt wurde. Jedes vierte Kind zwischen fünf und 14 Jahren muß mehr oder weniger schwer arbeiten und zum Lebensunterhalt der Familie beitragen – das sind 250 Millionen kleine Geschöpfe, die, so sie nicht unter unmenschlichen Bedingungen schuften, doch auf ihre Ausbildung und damit Chance auf ein besseres Leben verzichten müssen. Aber auch viele Kinder in der sogenannten ersten Welt leben nicht, wie Kinder leben sollten: geborgen, ohne die Sorgen der Erwachsenen, fröhlich und mit der Chance auf eine gute Ausbildung und einen anschließenden Arbeitsplatz. Sogar im reichen Deutschland lebt jedes siebte Kind von der Sozialhilfe. Das Leben ist verschwenderisch! Es setzt Kinder in die Welt, selbst wenn die Voraussetzungen für ihre positive Entwicklung oft fehlen.

• • •

München, Februar 1998

Seltene Ware Kind

Ich habe Dich in eines dieser sündhaftteuren Kleidergeschäfte mitgenommen, die die Maximilianstraße in München säumen. Luxustempel für den Konsumrausch einer Gesellschaft, die sich alles kaufen zu können meint: Schönheit und Jugend, Erfolg, Wohlstand und menschliche Anerkennung. Als ich mich bei den Sonderangeboten umschaute, kam eine Dame um die Fünfzig herein, dick geschminkt und mit den obligaten Goldarmbändern und klappernden Ketten überreich dekoriert. Sie entdeckte Dich und kam verzückt auf uns zu. Dann streckte sie Dir ihr schweres, mit Halbedelsteinen verziertes Goldarmband entgegen. Du begannst freudig damit zu spielen. Als ich sie ansprach, meinte sie hingerissen: «Ach, was sind Kinder doch für eine seltene Ware!» Eine vielsagende Freudsche Fehlleistung. Es muß schon ein Highlight des Shoppingnachmittags sein, auf etwas Unverkäufliches in dieser käuflichen Welt zu stoßen.

Bisher wußte ich gar nicht, wie viele Produkte es für Kinder und für Eltern von Kindern gibt. Ich war auf diesem Auge einfach blind und habe die Supermarktketten, die ausschließlich Spielzeug verkaufen, die todschicken Kinderkleidergeschäfte, die fast so stolze Preise haben wie die Edelboutiquen für deren Mütter, die vielen ebenso raffiniert gemachten wie phantasievollen Kinderbücher einfach übersehen. Jetzt erliege ich oft genug den Verlockungen dieses wunderbaren, für die Zielgruppe äußerst verführerischen Marktsegments. Auch die Werbung weiß den immateriellen Wert, den Kinder heute in unserem Teil der Welt darstellen, in materielle Vorteile umzumünzen. Es sind heute zunehmend die Kleinen, die entscheiden, welche Automarke der Papi fahren soll, welcher Fernsehapparat gut genug ist und welche Klamotten trendy sind.

Wir alle sind mehr oder weniger Sklaven des Geldes, denn sobald wir all seine Annehmlichkeiten gekostet haben, glauben wir, nicht mehr ohne sie auskommen zu können. Sei geschickt, mein Kind, verdiene, soviel Du kannst, aber suche Dir Deine Aufgaben und Freunde nicht nach materiellen Gesichtspunkten. Vielmehr sollst Du vom Inhalt Deiner Aufgaben besessen sein und Deinem inneren Weg folgen.

Die Warenwelt ist ihrer Natur nach kinderfreundlich, die wirkliche Umwelt dafür manchmal nicht. Neulich waren wir bei Ikea, natürlich am Samstag nachmittag, wie alle anderen, die unter der Woche keine Zeit haben. Wie immer war es eine Schlacht, und ich nahm wieder einmal die Gelegenheit wahr, alles, was ich schon immer einmal bei Ikea kaufen wollte, auf einen dieser großen, schwer zu manövrierenden Einkaufswägen zu laden. Du Armes hast natürlich Hunger und Durst bekommen, und beim letzten «run» auf die Kassen war es mit Deiner Geduld endgültig vorbei. Mit einem brüllenden Kind am Arm stellte ich im aufgelöstem Zustand schließlich fest, daß ich zu wenig Geld dabeihatte – wie immer bei Ikea. So weit, so gut. Schließlich ist das eine Billigwarenkette, da sind Extravaganzen für kopflose Kundinnen nicht eingeplant. Aber eine so unhöfliche, übel gelaunte Frau an der Kasse kann einer Mutter mit ihrem verzweifelten Kleinkind schon die Tränen in die Augen treiben. Während sie fettleibig und unbeweglich ihre Hände in den Schoß legte und mit säuerlicher Mine bloß meinte: «Na, dann müssen Sie die Sachen eben wieder auf den Einkaufswagen laden und zurückfahren», wünschte ich mir inbrünstig vier zusätzliche Arme.

Andererseits erlebe ich Deutschland ganz gegen seinen Ruf manchmal auch als sehr kinderfreundlich. In Restaurants, Geschäften oder auf der Straße erregen wir zusammen meist beglückende Anteilnahme, Freude und Begeisterung. «Ach, was für ein entzückendes Kind. Ein Junge? Nein, ein Mädchen. Natürlich, das hätte ich sehen sollen. Sehr aufgeweckt, die Kleine.» Darauf antworte ich meistens mit einem versonnenen kleinen Seufzer: «Ja, mein Augensternchen», worauf viele dann mit mir ihre Einsicht teilen, daß es nichts Wunderbareres auf der Welt gibt als Kinder. Immer wieder erlebe ich, wie das, was ich ausstrahle, auch zurückkommt. Bin ich zufrieden mit Dir, findet Dich die Umgebung ebenfalls wunderbar. Strapazierst Du meine Nerven all zu sehr und finde ich Dich mühsam, dann ernte ich auch aus unserer Umgebung genervte Blicke über das störende Kleinkind an meiner Hand.

Am kinderfeindlichsten ist eigentlich der vorgegebene Lebensablauf der Menschen in unserer postindustrialisierten Gesellschaft. Denn Menschen bekommen ihre Kinder meist in einer Lebensphase, in der sie am intensivsten mit ihrer Karriere und ihrem materiellen Erfolg befaßt sind. Die leiblichen Kinder werden so oft zu abgelegten Kindern. Wer es in seinem Beruf aber bis 40 nicht geschafft hat, wird es danach auch nicht mehr schaffen oder gar mit 45 auf der Straße stehen. Und das bedeutet in immer mehr Berufen mehr als zehn Stunden am Tag der Diener seines Jobs zu sein.

• • •

München, Februar 1998

Mit den Nerven am Ende

Es gibt Dinge, die ich Dir – so schwarz auf weiß – nicht so gerne gestehe. Dabei erleben wir sie ja miteinander. Es läßt sich nichts vor Dir verbergen. Also: Manchmal verliere ich die Geduld. Dann werde ich entweder ziemlich laut, oder ich behandle Dich grob. Nein, die Hand ist mir noch nie ausgerutscht, doch ich habe Dich schon allzu energisch geschüttelt, unsanft auf den Wickeltisch gesetzt oder zu hart angepackt.

Vorgestern zum Beispiel war so ein Tag. Du hast in einem fort gejammert. Ich selbst war müde und in trostlose Gedanken verstrickt, und Dein Weinen hat an meinen ohnehin schon dünnen Nerven gezerrt. Du wolltest nicht laufen und keinen Zentimeter von mir abrücken. Sogar um einen neuen Schnuller aus der Küche zu holen, mußte ich Dich auf den Arm nehmen. Wieso mußt Du mich so strapazieren? Kannst Du nicht etwas Ruhe geben und Dich ein bißchen selbst beschäftigen? Siehst Du nicht, daß ich noch zehn Telefonate führen sollte, etliche Faxe auf den Weg bringen müßte und ohnehin schon schlecht gelaunt bin, weil mir heute noch kein einigermaßen druckreifer Satz für den überfälligen Artikel über das Geigenwunderkind Julia eingefallen ist?

Mein Problem ist, daß ich Dich nicht einfach für einige Zeit abschalten kann wie meinen Computer. Also packe ich Dich auf den Arm und versuche, was ich glaube, tun zu müssen, huckepack mit Dir zu erledigen. Aber auch das beruhigt Dich nicht. Du jammerst weiter. Ich bin am Ende meiner Kräfte. Und so stoße ich Deinen Kopf – unabsichtlich natürlich – zweimal an die Tür, als ich einigermaßen wütend durch die Wohnung eile. Dein Bein klemmt im Kinderstuhl, und ich zerre an Dir, statt zu sehen, daß Du Dich nicht selbst befreien kannst. Erst als Du über all meine Unachtsamkeit und das Herumgeschubstwerden bitterlich zu weinen beginnst, verschwindet meine Wut und mit ihr meine guten Vorsätze für diesen Tag. Es tut mir leid, mein Kind. Ich wollte Dir unter keinen Umständen weh tun. Verzeih Deiner Mami, sie war wütend – auf Dich und auf sich selbst.

Jetzt erst fällt mir auf, daß Du nicht grundlos weinst,

sondern daß sich Deine Stirn ganz heiß anfühlt. Aus dem Schnupfen ist wohl ein heftiger Infekt geworden. Der Arzt verschreibt Dir Antibiotika und heiße Wickel. Schon am nächsten Tag geht es Dir wieder besser. Soeben hast Du die Waschmaschine mit sorgfältig in kleine Schnipsel zerrissener Silberfolie gefüllt, zwei Puppen dazugesteckt und versuchst nun, die Maschine anzuwerfen. Im letzten Moment gelingt es mir, dieses in Deinen Augen wohl sehr sinnvolle Experiment zu stoppen. Schließlich haben wir neulich schon die heiß geliebten Bücher «Schneewittchen» und «Das tapfere Schneiderlein» samt der schmutzigen Bettwäsche mit 60 Grad zu kleinen bunten Papierflunseln verarbeitet. Du hast die Bücher zwischen die Wäsche geschmuggelt.

Ach Du Dreikäsehoch, jetzt bringst Du mich wieder zum Lachen. Du läufst auf mich zu, drehst lachend kurz vor mir ab und rennst kopfschüttelnd davon. Heute abend bist Du mir im Hausflur entwischt und auf allen vieren die Treppen bis zum vierten Stock unseres Mietshauses hinaufgelaufen. Zwischendurch hast Du durch das Geländer nach unten geschaut, ob ich Dir nur ja folgen und Dich dabei kaputtgelacht. Ich habe wieder einmal den Babyfänger gespielt.

Andererseits, meine Süße: Ich habe eine Nasennebenhöhlenentzündung. Schon die ganze Zeit über fühle ich mich krank und geschwächt. Strengst *Du* mich so an, oder habe ich mir ein zu ehrgeiziges Arbeitspensum vorgenommen? Als ich heute vom Arzt nach Hause ging – es war ein milder Winternachmittag –, habe ich mich nach langer Zeit wieder einmal entspannt, bin dahingeschlendert, ohne auf die Uhr zu blicken, und habe mich dem Gefühl hingegeben, allein in die Geräusche der Stadt einzutauchen, ziellos im Strom der Zeit mitzuschwimmen.

Es würde uns helfen, wenn Du Dich ein wenig mehr mit Dir selbst beschäftigen würdest. Dann könnte ich einfach am Schreibtisch sitzen und mit einem halben Auge Deine Welteroberungszüge beobachten und trotzdem schreiben, telefonieren und recherchieren. Doch zur Zeit kannst Du gar nichts mit Dir anfangen und machst mich für Dein Unterhaltungsprogramm verantwortlich. Du hast auch schon zufriedener in Dir geruht, mein Kind.

• • •

München, Februar 1998

Tanzen, zeichnen und erste Worte

Neulich hast Du mir Deine erste Zeichnung überreicht: hauchdünne Bleistiftlinien auf weißem Papier. Du hältst den Stift ganz hinten, so daß er Dir immer wieder entgleitet. Aber Du konzentrierst Dich voll auf die Arbeit. Immer wieder greifst Du nach dem Stift und versuchst seine Spitze in Richtung Papier zu lenken. Wie schwierig das mit kaum eineinhalb Jahren ist: greifen, ein Ziel damit verfolgen, die Hand ruhig über das Papier führen.

Eine weitere Deiner Künste ist das Tanzen. Jeden Tag stellst Du Dich vor den CD-Player, verlangst nach

Musik und drehst Dich dann, so schnell Du kannst, im Kreis. Manchmal packe ich Dich an den Schultern und drehe Dich ein paarmal in die andere Richtung. Wenn ich Dich dann loslasse, tanzt Du eben anders herum weiter. Manchmal singst Du dabei oder jauchzst vor lauter Spaß.

Du kannst neben «Mami», «Papi» und «Auto» schon eine ganze Reihe anderer Worte sagen: Zum Beispiel «Hunt» für Hund und «Hut» und «Ei» und «hei», wenn Deine Flasche zu heiß ist, und – ein ganz schwieriges Wort – «Papabei», wobei Du das «bei» fragend und kokett in die Länge ziehst. Gemeint sind damit natürlich die Papageien, die als Mobile von der Decke Deines Kinderzimmers schaukeln. Oft habe ich keine Ahnung, was Du mir sagen willst, also rette ich mich in so unverbindliche Redewendungen wie «Ja , wenn du meinst» oder «Bestimmt hast du Recht» oder «Sicher ist das so, wenn du es sagst.» Ich will Dir das Gefühl geben, daß ich Dich verstehe und – noch wichtiger – daß ich unsere Unterhaltung wichtig finde.

Meist befriedigen Dich meine Ausflüchte, und Du saust wieder davon, um etwas zu holen, dem Au-pair-Mädchen beim Wäscheaufhängen zu helfen oder irgendetwas auszuprobieren. Wenn es ganz still wird in der Wohnung, dann werde ich an meinem Schreibtisch hellhörig. Bestimmt bist Du auf eine Kommode geklettert oder auf die Fensterbank. Neulich hat es plötzlich nach verbranntem Gummi gerochen, doch da vor dem Haus geschweißt wurde, dachte ich einen Augenblick zu lange, daß der ätzende Geruch von draußen hereinströmt. Als ich zu Dir ins Wohnzimmer schaute, sah Dein «Babylein» schlimm aus. Du hast den kleinen Stoffbären auf eine Glühbirne gesetzt. Sein ganzes Hinterteil war schon zu einer stinkenden, schwarz klebrigen Masse zusammengeschmolzen. Was für ein Drama. Das «Babylein» ist ja Dein wichtigster Bettgefährte. Erst als ich ihm einen neuen Popo und eine Jeanshose genäht hatte, wolltest Du Dich wieder beruhigen und hast dann stolz erzählt, daß jetzt alles wieder gut ist. «Mami richten», hast Du gesagt und Deinen ganzen Körper in Erinnerung an den Schreck voller Schauder geschüttelt.

• • •

München, März 1998

Der englische Konsul

Endlich wieder Frühling! Vor einem Jahr hast Du gerade Deine ersten Sitzversuche gemacht, jetzt läufst Du mit stark nach außen zeigenden winzigen Füßchen. (Später wirst Du wohl höchstens Schuhgröße 38 bekommen.) Dein ganzer Körper schwankt im Takt der Beine, die für jeden Schritt pampers- und sicherheitsbedingt noch so weit zur Seite wie nach vorne ausgreifen. Aber Du strahlst dabei, als wäre es das Größte, erhobenen Hauptes und mit nach vorne gerichtetem Blick in die Welt zu laufen. Sie ist Deine Glück verheißende Bühne und Du ihr glorreicher Mittelpunkt. Unser kleiner Spaziergang zum Naturkostladen und von dort weiter zum Zeitungsstand und an den schönen Bogenhausner Villen zurück nach Hause erfüllt den Zweck einer Zirkusshow: «Seht alle her, welche Kunst! Ihr Leute, Häuser, Blumen und Bäume, seht, wie ich laufen kann.»

Du strahlst mit solcher Überzeugung Großartigkeit und Selbstsicherheit aus, daß niemand an Dir vorbei kann, ohne Dein Geschnattere zu erwidern und mir zu versichern, wie hinreißend Du bist. Ich selbst bin Dein Spiegelbild; kann gar nicht anders, als Deinen Freudentaumel mitzumachen, gehe völlig darin auf, mit Dir wackelige, kleine Schritte zu machen, Menschen zu begrüßen, Vögel und Blumen zu entdecken. Du gehst ja ganz anders spazieren als ich. Du schenkst Dingen Aufmerksamkeit, die normalerweise nicht einmal in mein Blickfeld rücken, etwa kleinen Steinen am Weg oder schmutzigen Holzsteckchen in den Vorgärten der Häuser. Immer wieder müssen wir zu einem fast übersehenen, unscheinbaren Etwas zurückkehren. Nur mäandernd kommen wir voran, aber heute ist es mir egal. Ich habe Zeit und Lust, in Deinen Rhythmus einzustimmen. Würde ich es nicht tun, sondern an die unerledigten Arbeiten zu Hause denken und Dich zum zielgerichteten, «erwachsenen» Gehen antreiben, würde ich diesen süßen, nicht wiederkehrenden Augenblick in Deiner Entwicklung versäumen. Es wäre schade um dieses Erlebnis, welches in einem einzigen Satz zusammengefaßt werden kann: «So, jetzt kann die Welteroberung richtig losgehen.»

An der Garageneinfahrt einer besonders prächtigen Villa hast Du einen eleganten Herrn mittleren Alters entdeckt. Er reicht Dir eine Blume durch seinen Gartenzaun, um Dich in gepflegtestem Oxfordenglisch zu begrüßen. «And what is your name, little girl? She is a girl, isn't she?» «O ja, schauen Sie nur, wie sie mit Ihnen flirtet.» Sie hat ein paar Blumen am Rand Ihres Gartens gepflückt, muß ich Ihnen gestehen. Ich bin ihre Mutter, und bestimmt werde ich jetzt ein wenig rot. Ich hätte sie wohl daran hindern sollen. Aber der Konsul erliegt Deinem Charme. «O no, don't worry. That's fine. How she is smiling and what beautiful eyes she has got.» Bald erscheint auch seine ebenso vornehme Frau, und ein angenehmer Plausch entspinnt sich am Gartenzaun.

Was für eine Gabe Du hast, auf Menschen zuzugehen. Ich hätte den englischen Konsul nicht so schnell kennengelernt. Und all die anderen Menschen, die uns begegnet sind, weil Du es so wolltest. Gut, daß ich Dir jetzt noch nicht erklären muß, daß Dir nicht alle Menschen im Leben wohlgesinnt sein werden. Eine Freundin hat mir erzählt, daß hier in Bogenhausen – wohl einer der sichersten Wohngegenden Münchens – ein Unbekannter zu ihrer Tochter gesagt hat, als sie vor dem Kindergarten wartete: «Deine Mutter ist im Krankenhaus. Komm mit mir mit.» Das Mädchen war Gott sei Dank auf solche Situationen vorbereitet und lief davon.

• • •

Puerto La Cruz, März 1998

Pelikane am frühen Morgen

Der Tag ist noch nicht angebrochen, doch die Sterne verblassen langsam. Links und rechts von uns beginnen die Segelboote Konturen anzunehmen, und am anderen Ende des Hafens wird der Himmel allmählich blaßrosa. Die Falle, an denen tagsüber die Segel in den Himmel gezogen werden, schlagen rhythmisch an die Masten – klack, klack. Die Morgenbrise ist angenehm, nicht wahr, mein Kleines. Nur Pampers und ein T-Shirt habe ich Dir angezogen, und so sitzen wir nebeneinander an Deck der Segeljacht und warten auf den anbrechenden Tag.

«Schau, Pelikane, ganz viele, und sie kommen direkt zu uns herübergeflogen, siehst du, große Vögel.» Ja, jetzt hast Du sie bemerkt und zeigst auf sie: «Mami, Vogi.» Und schon stürzt sich einer von ihnen ganz knapp neben unserem Boot senkrecht ins Meer und taucht mit einem Fisch im überdimensional großen Schnabel wieder auf. «Schau, er hat einen Fisch!» Mit den Pelikanen erscheint auch die Sonne – glührot – und mit ihr die Hitze.

Weißt Du eigentlich, wo wir sind und wie endlos weit weg das von zu Hause ist: Venezuela, Südamerika, Subtropen! Wir beide! Vor zehn Tagen haben wir uns entschlossen, die Einladung auf dieses Segelboot anzunehmen und zwei abenteuerliche Wochen mit unseren Freunden hier zu verbringen. Ich meine natürlich: Ich habe mich entschlossen, denn für mich gibt es zur Zeit nichts Schöneres, als mit Dir gemeinsam zu verreisen – je abenteuerlicher, desto besser. Weißt Du, als Du noch nicht auf der Welt warst, habe ich viele ferne Länder bereist, Indien, Südafrika, Zentralasien. Es gibt mir mein Freiheitsgefühl wieder, wenn wir uns nun zusammen in die große weite Welt aufmachen. Und ich denke, es macht auch Dir Spaß: Du sagst «glugseug liegen», zeigst voller Aufregung auf die großen metallenen Vögel und machst eine Handbewegung von unten nach oben: «Schum» – ganz genau so fliegen sie davon. Gestern, als wir nach einer langen Überseereise das dritte Flugzeug bestiegen, um damit von Caracas an die Küste Venezuelas zu fliegen, hast Du den ganzen Abflugzirkus ganz routiniert über Dich ergehen lassen. Ich bin so stolz auf Dich, kleine Weltenbummlerin.

Mein Liebes, uns erwarten wunderbare Tage. Du wirst mit Deiner gleichaltrigen Freundin lernen, auf einem wackeligen Segelboot herumzulaufen. Du wirst mit ihr an Deck eine luftige, Dich sanft in den Schlaf wiegende Siesta machen und jeden Tag mit uns Sandburgen bauen. Stell Dir vor, das Meer hier ist ganz warm, wir können zusammen schwimmen und im seichten Wasser plantschen. Wir werden Fische fangen und braten und dabei von Bucht zu Bucht segeln.

Die Leute haben mich ja für verrückt erklärt: «Was!? Mit einem eineinhalbjährigen Kleinkind gehst du segeln?! In Südamerika! Wenn das nun einmal gutgeht!» Andere fanden es schlicht übertrieben, einen Segelturn mit einem Kind erleben zu wollen, anstatt es zu Hause zu lassen und diesen Luxus alleine zu genießen. Wahrscheinlich bin ich ein wenig verrückt. Sogar der lange Flug mit Dir hat mir Spaß gemacht, obwohl ich mit Dir bestimmt dreißigmal die Stiege ins obere Stockwerk des Jumbos hinaufsteigen und viele Fluggäste kennenlernen mußte und Dir bestimmt hundertmal das gleiche Buch vorgelesen habe.

Außer uns beiden sind nur Deine kleine Freundin und ihre segelerfahrenen Eltern an Bord der Jacht. Wir haben ein Netz um die gesamte Reling gespannt, damit ihr nicht ins Wasser fallen könnt. Aber trotzdem können wir Euch nie aus den Augen lassen. Ihr habt noch Schwierigkeiten, auf dem schwankenden Boot zu gehen, Euch nicht ständig anzuschlagen, aber jeden Tag geht es besser, und ihr beginnt das Boot als lustigen Klettergarten zu benutzen. Wären meine Freunde nicht ebenso in ihr Kind vernarrt wie ich in Dich, so könnten diese Tage auch anstrengend sein. Doch ihr beiden seid unser Mittelpunkt. Es kommt mir so vor, als ob zwei Kleinkinder mit ihren Assistentinnen die spannendsten Abenteuer bestehen, wobei es für die beiden Assistentinnen nichts Aufregenderes gibt, als ihren kleinen Forschern dabei zu helfen, die steile Treppe an Deck zu erklimmen oder über die vielen Seile an Bord zu klettern, Fischschulen im seichten Wasser zu beobachten oder den Leguanen am Strand nachzulaufen. Selten habe ich mich so gut erholt wie in diesen Ferien, und das, obwohl ich den ganzen Tag mehr als 100 Prozent auf Dich aufpassen mußte. Aber wenn man sich ganz auf sein Kind einstellt und sonst nichts erreichen will, kann man die Seele auf ganz besondere Weise baumeln lassen.

Salzkammergut, Mai 1998

Verschenkte Tage

Im Wald am Plombergstein im österreichischen Salzkammergut: Es ist einer meiner Lieblingsplätze. Ein kleiner Gebirgsbach, der durch einen märchenhaften Buchenwald fließt, umgeben von Kalkfelsen und Himbeersträuchern. Im Frühling schimmern die hellgrünen Blätter in der Sonne, und die Steine, über die der Bach rauscht, glitzern wie von Diamanten durchsetzt. Vor einem Monat waren wir schon einmal hier. Ich brachte Dir Steine und baute mit Dir kleine Schiffchen aus angeschwemmten Hölzern, die wir dann über die kleinen Wasserfälle bachabwärts schickten. Danach zeigte ich Dir, wie man einen Damm baut und wie ich als Kind über den Fluß balanciert bin. Völlig versunken in die Spiele der Kindheit, umgeben vom Duft des Frühlings, fand ich uns beide plötzlich mit nassen Schuhen und verschmutzten Hosen wieder. Mit roten Backen und glänzenden Augen kehrten wir in das Haus Deiner Großmutter zurück. Die Zeit schien stehengeblieben zu sein.

Als wir heute noch einmal an jenem Bach waren, konnte ich nichts von diesem beglückenden Augenblick wiederentdecken. Der Bach gluckste ebenso vollendet wie vor einem Monat, aber er konnte mein Herz nicht erreichen. Die Sträucher und Blumen am Wasserrand waren noch ein wenig schöner, doch ihr sattes Leben fand keinen Widerhall in meinem. Deine begeisterten Rufe «Mami sau, Stein, großer Stein» konnten mich nicht zum Mitspielen überreden, und Dein seliges Kinderlachen fand in mir keinen Widerhall. Ich hörte mich bloß immer wieder sagen: «Paß auf, Liebes, mach dich nicht naß.» Dabei ist das doch gerade der Sinn jeglicher Spiele am Bach. Dann lobte ich Dich wieder mit abwesendem Ton in der Stimme: «Toll, meine Süße, wie du das machst.» Hinterher war ich traurig. Ich erinnerte mich an das andere Mal am Bach und hatte das Gefühl, einen wunderbaren Augenblick verschenkt zu haben. Ich war einfach zu schwach, zu müde, zu fertig. Statt dessen war ich nur eine mehr oder weniger schlechte Aufsichtsperson. Manchmal schaffe ich es nicht, mit Dir zu spielen, mein Liebling. Das klingt komisch. Spielen ist doch nicht anstrengend, es ist doch keine Arbeit. Und ob: Spielende Kinder arbeiten hart. Sie forschen, experimentieren, und es verlangt eine ganze Menge Kraft und Konzentration, sich darauf einzulassen. Außerdem spielt nur der Erwachsene gut, der seine Erwachsenenwelt für kurze Zeit vergessen kann. Und das ist wiederum eine fast meditative Aufgabe.

• • •

München, Juni 1998

Lobaloba und andere Sprachkunstwerke

Eine «Bune» ist eine Blume, ein «Lubalum» ein Luftballon. «Hopa heita» wird wahlweise für Pferd oder reiten verwendet, und das schöne Wort «Krokokül» wurde leider schnell zu Krokodil. Auch «Muja» sage höchstens noch ich zum Schnuller in getreuer Anhänglichkeit an Deine ersten Sprechversuche, während Du schon bei «Snulla» angelangt bist. «Leine» heißt alleine und ist ein überaus wichtiges Wort, denn Du willst fast alles alleine machen. Und wenn Du um sieben Uhr früh «Mami chom» sagst, muß ich aufstehen und mit Dir zum Klavier gehen und «Lopalop» – das schöne Kinderlied «Hopp, hopp, hopp, Pferdchen, lauf Galopp» – singen. «Gorg» nennst Du Deinen Cousin Georg, und der schwer auszusprechende Name seines Bruders Wolfram wird bei Dir zu «Chrofram». «Uassa» ist leicht zu erraten und heißt natürlich Wasser, und «Lo» reicht eigentlich wirklich für alles, was im Zusammenhang mit Klo und In-die-Hose-Machen gesagt werden muß. Am meisten tut es mir leid um das wunderbare Wort «Lobaloba» für Pullover. Nach nur zwei Wochen war es wieder verschwunden und durch «Loba» und «Puloba» ersetzt, obwohl ich «Lobaloba» sofort und mit aller Hartnäckigkeit in meinen Wortschatz übernommen habe.

Du siehst schon. Ich halte mich nicht an die Vorschriften der pädagogischen Ratgeber, die Eltern und andere Erwachsene davor warnen, mit ihren Kindern die Babysprache zu sprechen. Es heißt, man solle die falsch ausgesprochenen Worte liebevoll, aber richtig wiederholen, ansonsten würde das Kind verunsichert, oder es würde gar noch im Kindergarten seine eigenen Babywortkreationen verwenden und dafür ausgelacht werden.

Dabei wird meines Erachtens oft das Wesentliche

vergessen. Je mehr und je früher man mit seinem Kind redet, sich ganz normal mit ihm unterhält, desto größer wird sein Wortschatz und seine Lust am Sprechenlernen sein. Wenn das Gespräch aber einen wichtigen Stellenwert genießt, bekommt das Kind genug korrekte – und gegebenenfalls auch nicht korrekte – Worte mit, um reden zu lernen. Hinzu kommt, daß es von Anfang an versteht, daß mit Sprache umgehen kreativ und lustig ist. Das ständige Verbessern erscheint mir hingegen zu unspielerisch, zu verkrampft. Oder anders gesagt: Wie soll ich auf Deine wunderbare Wortschöpfung «Stuperkraus» verzichten. Erst nach mehrmaligem Nachfragen kam ans Licht, daß Stuperkraus Semmelbrösel sind, daß sich dieses Wort aber ebenso als Adverb einsetzen läßt – etwa so: «Mami, du bist stuperkraus!» Tja, das klingt wirklich so, als hättest Du recht. Ich stelle mir so etwas wie verwirrt, struwwelköpfig oder super darunter vor – eben stuperkraus – und finde, daß Du ebenso stuperkraus bist wie ich.

Du hast wieder einmal einen gewaltigen Sprung gemacht. Nicht nur beim Sprechen. Du bist auch unabhängiger geworden und hast Dich ein bißchen daran gewöhnt, nicht immer mit mir zusammen zu sein. Neulich bin ich erst am späten Nachmittag von einem Interview nach Hause gekommen. Du bist mit Deinem Au-pair-Mädchen am Fenster gestanden und hast mir zugewinkt. Als ich Dich in die Arme geschlossen habe, hast Du voller Freude gemeint: «Waaten, Mami. Henena, Mami lieb.»

Zur Zeit hast Du auch großes Verständnis für meine Arbeit. Am Vormittag kommst Du strahlend zu meinem Schreibtisch und verabschiedest Dich mit einem zufriedenen «Mami abeiten, Henena waus,» und schon spazierst Du mit Deinem Au-pair hinaus aus dem Haus, zum Spielplatz oder in den Park. Ich bin Dir dankbar, daß ich nicht um meine eigene Zeit kämpfen muß, und schreibe dann wie besessen. Denn nach Deinem Mittagsschlaf hast Du kein Verständnis mehr für meine langweiligen Aufgaben am Schreibtisch oder Telefon. Neulich hast Du mich mit all Deiner Kraft gehauen und bist dann zufrieden weggelaufen. Es war wohl die verdiente Strafe dafür, daß ich um vier Uhr nachmittags noch am Telefon hing. So ist es halt manchmal, aber im Grunde genommen ist unsere Tageseinteilung im Moment gut. Wenn ich nicht den halben Tag arbeite, werde ich unzufrieden. Die größtmögliche Lust, Dir eine gute Mutter zu sein, entsteht, wenn ich auch Zeit für mich – also meinen Journalistenberuf – habe. Außerdem tut ein bißchen Extrageld unserer Haushaltskasse gut.

• • •

München, Juni 1998

Ohrfeigen austeilen

Du hast eine neue Angewohnheit. Du verteilst Ohrfeigen an all jene, die Dir zu nahe treten. Wir beide trafen eine Bekannte in einem Münchner Café. *Sie* hat Dich wohl schon ein- oder zweimal gesehen, *Dir* hingegen schien sie fremd. Sie wollte einen Begrüßungskuß und versuchte, Dich an sich zu ziehen. Sie ignorierte, wie es nun einmal die Angewohnheit vieler Erwachsener ist, Deine Signale. Du warst damit nicht einverstanden. Und so – klatsch – fing sie eine Ohrfeige, und gleich noch eine und eine dritte, denn sie wollte Dich noch immer nicht loslassen. Ich war erstaunt über Deinen Mut und dachte: «Recht so, mein Kind, hau sie nur. Verschaffe Dir die Distanz und den Respekt, der Dir gebührt.» Ich schritt nicht ein, sondern forderte meine Freundin auf, Dich in Ruhe zu lassen und zu warten, bis Du von Dir aus auf sie zugehen würdest. Ferner erklärte ich ihr, daß ich Dich wegen der Ohrfeigen nicht rügen würde können, weil ich Dein Verhalten o. k. fände. Ich weiß nicht, ob sie mich verstanden hat oder mir nun für den Rest des Lebens böse ist. Ich denke, es war ihr peinlich. Schließlich wollte sie ja nichts Schlechtes.

Diese Episode blieb nicht die einzige. Oft beginnst Du schon um Dich zu schlagen, wenn nur irgendeine fremde oder Dir nicht allzu vertraute Person in Dein Blickfeld gerät. Mit vehementen «Nein» machst Du klar, daß Du, auch wenn Du einem ausgewachsenen Menschen gerade knapp übers Knie reichst und Dir nur schwer durch Worte helfen kannst, dennoch eine Intimsphäre hast, die respektiert werden will. Wieso verletzen Erwachsene diese Sphäre bei Kindern so häufig? Nehmen sie Kinder so wenig ernst, oder ist es einfach schwer, die Hände von einem so entzückenden Kleinkind zu lassen?

Es gibt auch Menschen in Deiner Umgebung, die Dich so hinreißend und niedlich finden, daß sie über all Deine – eben wirklich oft sehr komischen – Äußerungen lachen. Es ist nicht einfach. Oft muß ich mich auch abwenden, weil Du so witzig bist. Aber es ist nicht gut. Denn in Wirklichkeit versuchst Du ja nur, uns etwas mitzuteilen, und hast nicht im Sinn, den Clown zu spielen. Eine Freundin hat es sich schon mit Dir verdorben. Sie hat so viel über Dich gelacht, daß nun auch Du begonnen hast, sie nicht mehr ernst zu nehmen. Du hast ihr einen kindlichen Spitznamen gegeben und führst sie an der Nase herum.

Es gibt einen feinen Unterschied zwischen Mit-Dir-Lachen und Über-Dich-Lachen. Ich habe das Gefühl, daß Menschen, die Kinder niedlich finden, aber nicht ebenso ernst nehmen wie Erwachsene, Gefahr laufen, über ein Kind zu lachen. Das Kind hat dann wohl das Gefühl, ausgelacht zu werden, und – was fast noch schlimmer ist – es erfährt, daß seine Versuche, sich verständlich zu machen, fehlschlagen.

• • •

München, August 1998

Emotionstraining

Wir besuchen eine Freundin und ihre beiden Töchter auf dem Land. Ein heißer Sommernachmittag, den wir mit Baden und Grillen verbringen. Der Abend wird lang. Doch Du spielst mit dem dreijährigen und dem siebenjährigen Mädchen so hingebungsvoll und ausdauernd, daß ich beschließe, noch ein wenig zu bleiben. Stundenlang können wir Mütter uns nun schon ungestört unterhalten. Die Siebenjährige, eine besonders selbstbewußte und willensstarke kleine Dame, hat die Spielleitung übernommen. Mit erwachsener Miene sagt sie zu mir: «Laß nur. Ich mach' das schon mit den beiden. Du brauchst dich nicht zu kümmern.» So ist es dann auch. Außer den zeitweiligen Ergebnissen Eures Spiels bekommen wir wenig von Euch zu sehen. Zuerst erscheint Ihr in phantasievollen Verkleidungen, anschließend bringt ihr gemalte Kunstwerke, und je später der Abend wird, desto ausgelassener wird Euer Kinderlachen, das aus dem Nebenzimmer an unsere Ohren dringt. Dort habt ihr ein Sofa zum Trampolin umfunktioniert.

Erst kurz vor Mitternacht sitzen wir beide wieder im Auto. Ich dachte, daß Dir sofort die Augen zufallen würden, doch Du bist so erfüllt von Deinen Erlebnissen, daß Du mir noch alles erzählen willst. Von den «Reundinnen» – den Freundinnen –, der Katze, vom Springen und Schaukeln. Dazwischen allerhand für mich unverständliche, aber vom Tonfall schwer begeisterte und immer noch von den Aufregungen des Tages nachhallende Satzgebilde. Dann seufzt Du plötzlich tief und zufrieden und sagst «Henena glücklich» – und schläfst endlich ein. Natürlich verwende ich dieses Wort oft, und neulich habe ich zu Dir gesagt, daß ich so froh bin, wenn ich mit der Helena zusammen sein kann. Ich habe Dich gefragt, ob Du auch froh bist. Du hast geantwortet: «Nein, Mami froh, Henena glücklich.»

Ich habe auch bemerkt, daß es für Dich beruhigend

ist, wenn Du für ein negatives Gefühl den richtigen Ausdruck parat hast. Bei Deiner Großmama hast Du Dich einmal sehr erschreckt. Du spieltest alleine im großen, bloß vom spärlichen Licht der Dämmerung erfüllten Hausflur. Ich befand mich in der Küche, als das Telefon neben Dir schrill zu läuten begann. Du kamst schreiend zu mir. Ganz spontan beruhigte ich Dich mit den Worten: «Du hast Angst gekriegt, nicht wahr, mein Liebes», und sofort hast Du ganz erleichtert immer wieder meinen Satz wiederholt: «Angst tekriegt, Angst tekriegt.» Mit dem Bewußtsein, ein neues Wortwerkzeug in der Hand zu haben, hast Du dann eine schon etwas weiter zurückliegende Episode wieder aus Deinem Gedächtnis hervorgekramt und sie mir erzählt. Und zwar, daß Dich der «Ali Hund bißn» hat und Du «Angst tekriegt» hast. Es war vor etwa einem Monat, als der verspielte Golden Retriver von Deinem Opapa nach Dir schnappte. All das Geziehe am Schwanz und Deine Versuche, ihn als Pferd zu mißbrauchen, waren ihm zuviel geworden. Wir hatten Glück. Die kleine Platzwunde über Deinem rechten Auge verheilte schnell.

Im Urlaub hast Du einmal im Gitterbett für eine längere Zeit geweint, ohne daß ich Dich hörte, weil das Babyphon ausgefallen war. Als ich Dich endlich aus der mißlichen Lage befreite, sagtest Du mit verweinter Stimme: «Henena traurig, Henena weinen.» Mein Armes, es tat mir wirklich leid, und ich tröstete Dich, so gut ich konnte. Dann fragte ich Dich: «Und ist es jetzt wieder besser?» «Ja, besser, Henena wieder lustig» war Deine Antwort.

Emotionstraining ist einer der letzten Trends in der Ratgeberliteratur zu Kinder und Erziehung. Emotional intelligente Kinder, so heißt es, würden von ihren Eltern dabei unterstützt, mit ihren positiven wie auch negativen Gefühlen umzugehen. Die Quintessenz dabei ist, daß Eltern auf die Trauer, Wut und Angst ihrer Kinder eingehen und durch genaues Hinhören die Gefühle ihrer Kinder als Chance für Gespräche nützen. Statt negative Gefühle zu verdrängen, sollten sie wahrgenommen und gemeinsam verarbeitet werden. Ich denke, den ersten Schritt in diese Richtung haben wir beide geschafft.

• • •

München, August 1998

Einschlafen, ohne einsam zu sein

Durchlebst Du eine schwierige Zeit? Du willst am Abend gar nicht mehr einschlafen, ohne daß ich Deine beiden Hände eine ganze Stunde lang halte und Dir dabei Lieder vorsinge. Hast Du vor einigen Wochen noch vertrauensvoll «Mami, bißi hinsetzen» gesagt, so mußt Du jetzt meist flehentlich und ängstlich «Henena traurig, weinen, Mami nicht hinsetzen» sagen, damit ich meine Vorsätze, daß Du alleine einschlafen lernen sollst, fahrenlasse. Ich bin zugegebenermaßen etwas ratlos, denn Dein Einschlafen ist zu einer mühseligen Prozedur geworden. Überdies habe ich den – ich glaube – zum Bestseller avancierten Ratgeber «Jedes Kind kann schlafen lernen» gelesen, der bei diesem Problem zum Setzen strenger Grenzen rät. Dazu kommt, daß Dein Papi mir Vorwürfe macht, daß Du jede Nacht um vier Uhr in unser Bett übersiedelst. Anders als in meiner Familie war das Elternbett in seiner Kindheit tabu, und je mehr ich in meinem Freundeskreis herumfrage, desto mehr fällt auf, daß die eigene Kindheitserfahrung eine wesentliche Rolle dabei spielt, ob man etwas dagegen hat, mit seinem Kind ein Bett zu teilen oder nicht. Manchmal liegst Du quer zur eigentlichen Schlafrichtung, strampelst, bis wir wach sind, oder Du willst um vier Uhr früh noch eine zweite Flasche Tee – nicht zu warm und nicht zu kalt. Es kann schon Kraft zehrend sein. Doch es wäre noch viel mühsamer, wenn ich jede Nacht eine oder gar mehr Stunden an Deinem Bett zubringen müßte, bis Du wieder schläfst.

Was ist mit Dir los, Kleines? Als ich neulich am Abend lange mit Dir Bilderbücher angeschaut habe, hast Du überall Hinweise entdeckt, daß man aufpassen muß, daß überall ein «Aua» lauert. «Henena Biene stochen», erzähltest Du mir wieder und wieder mit ernstem Gesicht, und beim Bild eines Osterhasen, der seine Geschenke per Motorboot zu den Kindern bringt, hast Du nicht vor Freude gelacht, sondern Deine Angst vor Motorbooten geäußert. «Zu laut, Mami Ohrli zuhalten», und nach einer Pause hast Du noch hinzugefügt: «Angst tekriegt.» Die Motorbootfahrt vor ein paar Wochen war anscheinend doch noch nichts für Dich gewesen. Aber an diesem Abend schien es nicht so sehr um die vergangenen Ereignisse zu gehen als darum, dem momentanen Angst- und Trauergefühl Ausdruck zu verleihen und ein Gefühl der Sicherheit und Geborgenheit heraufzubeschwören.

Was ist? Arbeite ich zu viel? Spürst Du meine angespannte Stimmung, oder gehst Du einfach durch eine Phase in Deiner Entwicklung, die Dir Kopfzerbrechen bereitet? Du bist so selbständig, ziehst mit Deinen Freundinnen ab und beweist viel Mut für eine noch nicht Zweijährige. Vergangene Woche waren wir mit Dir im Zoo, und Du bist ganz alleine zwischen anderen Kindern eine Runde auf dem Elefanten geritten. Mutest Du Dir zu viel zu oder wir Dir?

Was auch immer der oder die Gründe für Deine Schlaf und unsere daraus resultierenden Erziehungsprobleme sind: Nach einem Abend, an dem ich mich gemäß dem Schlafratgeber unnachgiebig verhalten habe und Dein Weinen und Schreien nur alle fünf Minuten mit besänftigenden Worten unterbrochen habe – mit dem höchst zweifelhaften Erfolg, daß Du irgendwann tieftraurig eingeschlafen bist –, habe ich mich dafür entschieden, keine mir fremde Konsequenz zu üben, sondern Deine Bedürfnisse einfach ernst zu nehmen. Die Autoren des Schlafratgebers würden jetzt wahrscheinlich einwenden, daß man das Schlaftraining ja nur dann durchführen könne, wenn ein Kind keine Probleme hat. Doch wann könnte ich bei Dir schon mit Sicherheit sagen, daß Du mit Deiner Entwicklung oder Deinem Umfeld vollkommen im reinen bist?

Meine Lösung scheint uns beiden gutzutun. Ich setze mich an Dein Bett, erzähle Dir eine Geschichte oder singe ein wenig und bleibe eben so lange bei Dir, bis Du eingeschlafen bist. Da Du nicht mehr Angst haben mußt, daß ich doch vorzeitig aufstehe, kämpfst Du nicht mehr gegen den Schlaf, und für mich ist es befriedigend, Dein Hinübergleiten ins Traumland zu begleiten. Es ist schon wichtig, denke ich, daß Du wieder alleine einschlafen lernst, aber es soll behutsam geschehen. Wenn Du in der Nacht aufwachst, hole ich Dich ins Elternbett und flüstere Dir zu, daß Du natürlich bei mir schlafen darfst. Es stört mich nicht. Im Gegenteil: Ich finde es schön, Dir auch in der Nacht und bloß durch meine körperliche Nähe sagen zu können: Ich bin für dich da und hab' dich lieb. All das scheinst Du zu brauchen, und nach ein paar Tagen schon verstehe ich gar nicht mehr, warum ich mich habe verwirren lassen, warum ich nicht gleich meiner Intuition gefolgt bin.

Dein Weinen soll ruhig zu Reaktionen führen und nicht ins Leere laufen. Mittlerweile bin ich sicher, daß mein Verständnis für Deine Bedürfnisse zu besseren Schlafgewohnheiten führen wird und nicht die harten Regeln des Durchschlafbuches. Bücher wie dieses verwechseln Kinder mit einer Managementaufgabe. Ihr Tenor ist immer der gleiche: Erwachsene haben ein Problem mit ihrem Kind und können durch das Buch effizient, zeitsparend und mittels Checkliste fertig werden. Wie sie auch sonst in ihrem Leben alles «hinkriegen», «unter einen Hut bekommen», so sollen auch die Kinder effizient funktionieren. Kinder müssen sich in die disziplinierte und unsinnliche Lebenswelt der Erwachsenen einfügen. Doch Kinder ticken eben nicht so lebensfeindlich wie wir. Sie schauen nicht auf die Uhr oder darauf, daß der Fußboden sauber bleibt. Sie können sich in ihr Spiel versenken, daß man neidisch werden sollte, sie können lachen und Dinge erfinden.

Das Buch «Mit Kindern wachsen» von Myla und Jon Kabat-Zinn fordert beim beliebten Thema «Schlafen» zur Nachsicht auf: «Vielleicht haben wir sie [unsere Kinder] zum nächtlichen Aufwachen ermutigt, weil wir zu bereitwillig für sie da waren. [...] Aber wir spürten intuitiv, daß unsere körperliche Gegenwart unseren Kindern eine Sicherheit und einen Frieden vermittelte, die ihr ganzes Sein nährte. Wir konnten das an ihrem offenen, neugierigen, lebendigen und liebevollen Gesichtsausdruck erkennen. Unsere nächtliche Anwesenheit erdete sie in ihrem Körper und in der Welt, und diese Erdung war an der Ruhe zu spüren, mit der sie ihrer Umwelt gegenübertraten. [...] Ein geradezu ansteckendes Gefühl des Wohlbehagens und der Freude ging von ihnen aus. Sie waren völlig präsent.»* Sind das nicht Ergebnisse, für die es sich allemal lohnt, einige Jahre weniger gut zu schlafen?

*(In: «Mit Kindern wachsen», Arbor, Freiamt im Schwarzwald 1998, S. 164)

• • •

Kärnten, September 1998

Die Ankunft des Großvaters

Seit ein paar Tagen sind wir zu Besuch bei Deinen Großeltern. Genau genommen ist bisher nur Deine Großmama, meine Mutter, anwesend. Doch heute abend kommt Dein Großvater. Ich habe es Dir schon erzählt. Du magst ihn, und er schmilzt unter Deinen Charmeattacken und tut für Dich, was immer Du gerade willst.

Wir warten mit dem Abendessen auf ihn, und ich nütze die Zeit zum Telefonieren. Mit halbem Ohr höre ich ein Jauchzen von Dir, als Du die Scheinwerfer seines Autos in der Einfahrt erblickst. Ich staune, wie einmalig das Ereignis offenbar für Dich ist, während ich es doch schon abertausende Male erlebt habe, daß jemand ankommt, daß ich einen geliebten Menschen wiedersehen werde. Statt dem Ereignis entgegenzufiebern, kann man doch die Zeit bis dahin nützen? Du hingegen erlebst den Anstieg des Glücks, bis dann endlich die Tür auffliegt und Dich ein strahlender Opapa in seine offenen Arme schließt. Minutenlange Begrüßungsorgien. Ich hänge noch immer am Telefon und schicke meinem Vater eine flüchtige Kußhand zu. Als ich dann aufgelegt habe, begrüße ich ihn noch einmal ausführlich, und wir setzen uns zu Tisch. Ich staune, wie Du – und ich habe das auch bei vielen anderen Kindern immer wieder beobachtet – Menschen und Ereignissen die Aufmerksamkeit entgegenbringst, die ihnen gebührt.

Vor ein paar Tagen hat es die ganze Zeit geregnet, ein ungemütliches Wetter, das man am besten mit einem guten Buch aussitzen sollte. Doch als Mutter einer bald Zweijährigen geht man dann doch hinaus in den Regen, gut angezogen mit Gummistiefeln und einer Regenpellerine, die bis zu den Unterschenkeln reicht. Wir sind zu einem Gebirgswasserfall gefahren. Zuerst haben wir wieder einmal Wasserspiele veranstaltet. Das gehört für Dich mit zum Größten; kleine Steine aus dem klaren, eiskalten Bach zu fischen, Hölzern nachzuschauen, wie sie über die Wasserfallkaskaden tanzen, und bei all dem zu vergessen, daß Wasser naß macht. Anschließend sind wir schier endlos durch den Regen gelaufen. Du vorneweg, singend und in jede Pfütze springend, ich zunehmend beglückt hinter Dir. Wir haben uns aus tellergroßen Sumpfblättern Hüte im Stil der chinesischen Reisbauern gemacht, Himbeeren von triefend nassen Sträuchern gegessen und Blumen gepflückt. Das Rauschen des Flusses vereinte sich mit dem Regengeplätscher zu einem monotonen beruhigenden Tontunnel, in dem wir versanken. Wie gut, daß wir uns überwunden haben, hinauszugehen. Wie einzigartig alles nach Regen roch, das Gras, die durchtränkte Erde, das nasse Holz.

• • •

Kitzbühel, September 1998

Der erste grammatikalisch richtige Satz

Es war vor zwei Tagen. Plötzlich, mitten in der Nacht, stehst Du neben mir am Bett und sagst Deinen ersten grammatikalisch richtigen Satz: «Mami, bitte darf ich einen Schluck Apfelsaft haben.» Du hast jedes Wort einzeln betont und kleine Pausen gemacht, in denen ich mir jedesmal dachte: Jetzt macht sie einen Fehler. Aber nein, ein ganzer völlig astreiner Satz. Du bist gar nicht wirklich aufgewacht, dennoch spüre ich, wie sehr Du Dir Mühe gibst. So intensiv also lernst Du momentan, daß das Gehirn selbst noch im Schlaf rekapituliert. Wie später bei einer Prüfung, wenn man in der Nacht davor aufwacht, um sich noch einmal die wichtigsten Jahreszahlen ins Gedächtnis zu rufen. Schnell gebe ich Dir die schon vorbereitete Flasche mit dem gewünschten Saft, nehme Dich in den Arm und wiege Dich wieder in den Schlaf.

In der Früh sagst Du: «Bine wach. Anziehen. Mami auch aufstehen.» Da hilft meist nichts mehr, kein Dekke-über-den-Kopf-Ziehen, kein Gemurmel, daß Du doch schon einmal ein schönes Spiel herausholen und Dich damit beschäftigen könntest. Meist aussichtslos, schließlich sind wir in den Bergen, draußen warten die Kühe, die Nachbarskinder, die Abenteuer.

Neulich ist mir aufgefallen, daß Du genauso neugierig bist wie ich. Wir waren in einem Bauernmuseum, einem 400 Jahre alten dunklen Bauernhaus mit offener Herdstelle, alten Spinnrädern und bemalten

Bauernbetten. Dir machte diese fremde Umgebung Spaß, zumal ihr Kinder alles anfassen und ausprobieren durftet. Am Ende der Führung wollte ich gerade fragen, was hinter den beiden geschlossenen Türen noch für Geheimnisse warten, da hast Du sie schon kurzerhand aufgemacht und dahintergeschaut.

Du bist kein ängstliches Kind. Siehst Du Kühe auf der Weide, ergreifst Du meine Hand und ziehst mich zu ihnen. Mit lauten Muh-Rufen versuchst Du ihre Aufmerksamkeit zu erreichen und möchtest ihre schnaubenden Mäuler streicheln. Gestern gingen wir hinauf zur Pasterze, dem größten Gletscher der Ostalpen. Für geübte Wanderer ist der auf 2000 Meter Höhe gelegene, steil bergauf führende Pfad nichts Besonderes, aber mit einem Kleinkind, das überwiegend huckepack getragen werden muß, und einer höhenängstlichen Teenagerin – der Tochter von einer Freundin – ist diese Wanderung schon eine Leistung. Du warst – wie immer, wenn ich Dir das Gefühl gebe, daß wir beide jetzt ein Abenteuer bestehen müssen – gut gelaunt und ein verläßlicher Partner. Ein kleiner Steig führte uns durch Geröllhalden, an türkisfarbenen Gletscherseen vorbei zur Pasterze. Dort erblickten wir die ins orangefarbene Abendlicht getauchte Spitze des Großglockners. Du hast immerfort gequatscht und beim letzten bergauf gehenden Anstieg meinen Hals massiert. Was hätte ich bloß getan, wenn Du plötzlich zu weinen angefangen hättest, wenn Du auf einmal sofort und ohne Umschweife zu Hause sein hättest wollen? Was wäre gewesen, wenn sich unsere Begleitung plötzlich auf einen Stein niedergelassen hätte und zitternd erklärt hätte, daß sie leider keinen Schritt mehr weitergehen könnte? Zum Glück ging alles gut, und wir trafen stolz und müde im Berggasthaus ein. Du warst besonders witzig aufgelegt und hast Deine Hände mit auseinandergespreizten Fingern aneinandergepreßt. Es hat mich so sehr an die Gestik des ehemaligen österreichischen Bundeskanzlers Bruno Kreisky erinnert, daß ich Dir seinen berühmtesten Satz beibrachte: «Ich bin der Meinung», sagte er immer, ganz langsam und gewichtig, mit nasaler Stimme und gespreizten gefalteten Fingern. Da Du nur den Klang der Worte, nicht aber ihren Sinn verstanden hast, hast Du dann abwechselnd «Ich bin da Meinung» und «Meine Mami Monika» gesagt. Schließlich klingt das ähnlich.

• • •

München, Oktober 1998

Zweijährige haben etwas Prinzessinnenhaftes

In ein paar Tagen ist Dein Geburtstag. Wie schnell die Zeit vergangen ist. Ich lebe jeden Tag, als müßten die letzten Stunden Deines zweiten Lebensjahres noch bis ins Detail durchlebt und wahrgenommen werden. Gleich werden sie unwiderruflich vorbei sein, wirst Du wieder einen gewaltigen Schritt in Deiner Entwicklung gemacht haben, und ich werde mich gar nicht mehr erinnern können, wie Du vor zwei Monaten warst, was Du gespielt hast, welche Worte für Dich neu waren, was wir miteinander erlebt und welche Probleme wir bewältigt haben. Die Erinnerung an die Alltäglichkeiten und Nuancen der kindlichen Entwicklung fällt gar nicht leicht. Ich habe eine große Kiste mit Fotos von Dir, ein paar Videofilme und Tagebücher – und doch sind das alles nur Krücken, die die Vergänglichkeit glücklicher Stunden oft nur noch schmerzlicher bewußtmachen. Als ich neulich alte Fotos von Dir anschaute, fiel mir erst auf, daß Du schon fast keinen Babyspeck mehr hast. Die wunderbaren Fettpölsterchen an Beinen und Armen sind schon fast zur Gänze einer schlanken Kleinmädchenfigur gewichen.

Es ist Herbst, eine Jahreszeit für geordnete Schreibtische, klare Linien, neue Aufgaben und Projekte, eine Zeit, das eigene Nest zu renovieren. Du bekommst ein richtiges Kinderbett, ohne Gitter, dafür mit einem Kopfteil aus roten Hasen, die auf einer Blumenwiese herumtollen. Zweimal in der Woche gehst Du jetzt in eine Spielgruppe, tanzt, singst und malst mit Barbara und sechs anderen Kindern und bringst mir selbst gebastelte Geschenke mit. Ich habe eine ganze Menge kleiner Freunde für Dich gesucht – es war ganz einfach, offenbar suchen alle Mütter, wenn die Kinder zwei Jahre alt werden, plötzlich fieberhaft nach gleichaltrigem Anschluß. Viel hat sich verändert, allem voran natürlich Du selbst. Du hast eine sanfte, willensstarke, humorvolle und strahlende Persönlichkeit.

Du bist eine typische Zweijährige, mit einem leicht übersteigerten Ich-Bewußtsein, das Dir die Vorstellung gibt, alles, aber wirklich alles alleine tun zu können, andererseits auch nur das zu tun, was Du gerade eben im Sinn hast. Zweijährige haben etwas Prinzessinnenhaftes! Früher nannte man diese Lebensphase die erste Trotzphase, und, als hätte man die bösen Geister damit gerufen, so dauerte diese Phase dann oft entsprechend lange. Denn es ist ja kein vorsätzlich schlimmes Handeln, das bei Euch bisweilen Wutausbrüche erzeugt, sondern oft einfach die Verzweiflung darüber, sich noch nicht ausreichend mitteilen zu können. Als Zweijährige hat man eben andere Interessen als ein Erwachsener. Neulich waren wir in der Stadt. Ich hatte es eilig, wollte schnell noch Schuhe kaufen und nicht zu spät wieder nach Hause kommen. Du hingegen wolltest alles mögliche entdecken. Die Wendeltreppe im Schuhgeschäft ist doch ein hervorragender Klettergarten. «Mami, sau, kann man hinaufgehen.» Ja, Süße, aber wir müssen weiter. Noch einmal rauf und runter. Ich zerre Dich zum nächsten Laden. «Tauben, Mami. Möchte hinlaufen», und schon bist Du wieder weg. Wieder packe ich Deine Hand und ziehe Dich mit mir fort. Ich erkläre Dir, daß Du jetzt ... aber genausogut hättest Du mir erklären können, daß ich jetzt Dir folgen sollte. Die Interessenskonflikte mit Zweijährigen sind anstrengend, doch ich kann nicht sagen, daß Du trotzig bist. Du bist eben einfach zwei Jahre alt, und das ist etwas ganz Besonderes.

Neulich war ich mit Dir einkaufen – zu Fuß, denn der Feinkostladen ist um die Ecke. Auf dem Heimweg wolltest Du partout getragen werden, obwohl Du schon überaus gut laufen kannst, bestimmt nicht müde warst und mein Rücken unter Deinen zehn Kilo schon genug leidet. Alle Erklärungen helfen nichts und enden darin, daß Du wie am Spieß brüllend hinter mir herläufst. Es tut mir leid, mein kleines Mädchen, *diese* Grenze muß ich ziehen, weil es an meine Grenze geht. Bis vor unsere Wohnungstür bieten wir den Passanten jenes dramatische Schauspiel, vor dem sich Mütter oft so fürchten. Ich finde es ehrlich gesagt eher komisch und versuche mir das Bild vorzustellen, das wir abgaben: ein ungleiches Paar, gänzlich in seine Emotionen verstrickt, das absolut nichts mehr von seiner Außenwelt wahrnimmt. Wie ein Ladenbesitzer, der hinter dem Dieb herläuft und laut schreit: «Haltet ihn, haltet ihn.» Zu Hause angekommen, ist dann alles wieder gut. Ich sage Dir noch einmal in aller Ruhe, daß ich Dich leider nicht tragen kann, weil mir der Rücken weh tut, und betone, daß ich Deine Wut verstehe und nicht böse auf Dich bin.

Das ungemeine Selbstbewußtsein von Zweijährigen wird höchstens von Vierjährigen übertroffen. Sie fragen jeden Erwachsenen, der sich in ihr Umfeld begibt – zum Beispiel am Spielplatz: «Weißt du eigentlich, wie alt ich bin?» «Ich bin schon vier Jahre alt», erklären sie Dir dann mit einem Ernst und einer getragenen Feierlichkeit, als gälte es zu verkünden, daß sie gerade den Nobelpreis gewonnen hätten. Zweijährige hingegen sind zwänglerisch und kapriziös. Wenn Du in der Nacht aufwachst, brauchst Du «eine Joghurtmilch in der kleinen Babyflasche». «Aber nur in der Glasflasche», raunzt Du, wenn ich schon schlaftrunken Richtung Küche taumle. Wehe, sie ist auch nur eine Spur zu warm oder zu kalt. Das kann bitterliches Weinen auslösen und mich abermals Richtung Küche schicken. Es darf nur die kleine Flasche sein, da Du aber in der Regel mit einer Flasche nicht satt bist, muß ich, kaum daß ich wieder in den Schlaf gesunken bin, noch einmal aufstehen. Von ähnlicher, etwas weniger anstrengender Komik ist das Ritual, wenn Du aus Deinem Gitterbett nachts ins Elternbett übersiedeln willst. «Mit meiner Decke und Henena-Polster. Wo ist das Babylein?» Sofortiges Geheule, bis ich den geliebten Schlafbären und den Schnuller unterm Bett, zwischen Bett und Fenster oder in der zusammengewurstelten Decke wiedergefunden habe. «Aber den Janosch-Schnuller, den, den die Mami eingekauft hat», sagst Du dann abschließend und prüfst streng das Objekt der Begierde. In der Nacht erfülle ich Dir Deine Wünsche meist haarklein, damit Du – und somit auch ich – schnell wieder einschlafen kannst. Tagsüber bin ich kein so folgsamer Sklave Deiner Wünsche. Doch unlängst fühlte ich mich auch in der Nacht von Dir schlicht gefoppt. Nach der üblichen Wunschliste verlangtest Du auch noch *Schokolade*. Aber selbst Dein beleidigtes «Will aber Sokolade» und «Ich brauch' das aber» half nichts. Ich sagte empört und selten streng «nein», drehte mich mit dem Rükken zu Dir, um zu schlafen. Ich war auf lang anhaltendes Gebrüll eingestellt, aber es fand nicht statt. So ist das mit dem Grenzensetzen. Wenn ein «Nein» unanzweifelbar ist, eine Grenze schlicht die eigene Grenze ist, wird es von einem Kind auch akzeptiert. Grenzen um der Grenzen willen, «Nein», die nicht nötig sind, erzeugen hingegen nur unnötigen Sand im Getriebe.

• • •

München, Oktober 1998

Fördern nach Lust und Laune

Mein kleiner Schelm! Wie gut Du weißt, wie Du mich glücklich machen kannst! Wenn ich Dich trage, nimmst Du mein Gesicht in beide Hände und gibst mir einen dicken, feuchten Kuß auf den Mund. «Mami jetzt froh?» Strahlend bestätige ich Dir den Erfolg Deiner kleinen Charmeattacke. «Mami noch ein Bussi?» Ja bitte, natürlich, am besten gleich hundert Bussis. Wieder Dein Kindergesicht ganz nah, der wunderbare Geruch von Kinderhaut und guten Zähnen, ein Kuß voll strahlender Gewißheit, damit Freude zu bereiten. «Mami jetzt noch froher?» Ja, noch viel froher – natürlich.

Ob Du Deine Mami immer so liebhaben wirst wie jetzt? Wann werden die ersten Konflikte diese noch so absolute, bedingungslose Liebesbeziehung trüben? Wann wird Deine Gewißheit zerbrechen, die beste, liebevollste und umwerfendste Mami der Welt zu haben? Ich werde wahrscheinlich immer das Gefühl haben, daß Du die schönste, wunderbarste und liebenswerteste Tochter bist, die es gibt. Das ist der Unterschied: Für mich bist Du ein Wunder, hingegen bin ich für Dich das Normalste auf der Welt: eine Mutter eben. Jeder Mensch hat eine Mutter, liebt sie oder haßt sie und wird oft erst erkennen, daß auch sie nicht die Selbstverständlichkeit in Person ist, wenn sie gestorben ist.

Liebes, nicht nur Küsse machen mich froh. Heute waren wir beide mit einem Freund in der Ausstellung «Die Nacht». Ein Monsterprojekt, das zum Thema «Nacht» einen mit enzyklopädischem Anspruch zusammengestellten Gang durch die Kunstgeschichte vorführt. Es ist dies die «komplexeste und wichtigste» Ausstellung, die das Münchner Haus der Kunst je zusammengestellt hat, weder das Kerzenlicht als Bildsujet noch der Mond als zentrales Motiv fehlen, Bildnisse brennender Städte füllen einen eigenen Raum, biblische Szenen vor nächtlichem Hintergrund gibt es mehr, als der erwachsene Besucher erfassen kann, nächtliche Hafenansichten waren im 17. Jahrhundert modern, während Traumdarstellungen schon in der Renaissance und im Barock die Maler beschäftigten.

Und Du? Was sollst Du mit all dem anfangen können? Mit Renaissance, Barock, Georges de la Tour – einem der herausragendsten Könner der Malerei von Kerzenlicht und seinen Effekten, mit den Traumvisionen Odilon Redons oder der Einsamkeit der Großstadtbewohner in den Bildern Edward Hoppers? Und doch: Ich hatte Lust, aus diesem Großereignis abendländischer Kultur einen spannenden Bilderbogen für Kleinkinder zu machen. Und siehe da, die Ausstellung eignete sich perfekt, denn die Bilder sind reich an interessanten Darstellungen: arme Menschen, die ein «Aua» haben, Tiere, die zum Gruseln sind, Schiffe, die groß und laut oder klein und leise sind, Bilder, auf denen getanzt wird und die selbst zum Tanz einladen, Feuersbrünste, vor denen man laut schreiend davonlaufen muß, und nächtliche Szenen voller Geheimnis und Zauber.

«O Mami sau, eine Kerze. Henena ausblasen.» Ganz genau. Fest blasen. Der Mann auf dem Bild, ein Gelehrter, der bei Kerzenschein noch bis tief in die Nacht vor seinem Globus in seine Arbeit versunken ist, wirkt auch schon müde und wird gleich sein Licht löschen und schlafen gehen. «Sau Mami, ein Wauwau. Ich mag nicht den Wauwau» lautet Dein Kommentar zum nächsten Bild, das eine nächtliche Landschaft mit allerlei mysteriösen Figuren zeigt. Im Vordergrund ein Hund, der Feuer speit. Ein Höllenhund. Buhuh, ist der aber gräßlich, gelt Helena. «Ja, gräßlich, gräßlich, brrrrrr», und Du schüttelst Dich angewidert. «Buhuhu.» Ein Besucherpaar hat unseren Ausführungen über den fürchterlichen Höllenhund mit Schmunzeln gelauscht und beginnt jetzt selbst ganz unbefangen und ohne bildungsbürgerliche Distanz über das zu reden, was die Bilder auch sind: eine endlose Inspirationsquelle für Geschichten.

• • •

München, Dezember 1998

Mein kleiner Clochard

Zur Zeit scheinst Du Dich in Deiner Welt vollkommen wohl zu fühlen. Die Tage verlaufen nach einer gewissen Routine, sie haben ihre Rituale und alltäglichen Freuden, und sie sind besonders ruhig. Du hast Dich möglicherweise mit Windpocken angesteckt, und da es kurz vor Weihnachten ist, will uns niemand mehr sehen. Ich glaube zwar nicht, daß diese ansteckende, aber besonders harmlose Kinderkrankheit tatsächlich bei Dir ausbrechen wird, aber ausgerechnet zum großen Fest will keine Familie kranke Kinder. Und so bist Du eben allein, keine Kindergruppe, keine kleinen Freundinnen, keine Ausflüge mit Gleichaltrigen. Wider Erwarten scheinst Du jedoch genau das momentan zu brauchen. Gleich nach dem Frühstück ziehst Du Dich in Dein Zimmer zurück, machst die Tür hinter Dir zu und spielst zwei Stunden, ohne gestört werden zu wollen.

Manchmal gehe ich an Deine Tür, um zu lauschen, so begeistert bin ich über diese Entwicklung. Offenbar redest Du mit Deinen Puppen und Stofftieren. Dann höre ich wieder, wie Du auf das Schaukelpferd steigst, hin und her reitest und dabei selbst erfundene Lieder singst. Wenn Du dann nach zwei Stunden Versunkenseins zu mir in die Bibliothek gelaufen kommst, liegt noch so viel Konzentration in Deinen Gesichtszügen, daß ich kaum wage, Dich anzusprechen. Ganz von alleine fällst Du in jene Konzentration, die Maria Montessori bei Kindern beobachtet und die sie zu ihrer wegweisenden Erziehungsmethode inspiriert hat. «Es ist ein interessantes Faktum, daß die Kinder nach dem Phänomen der Konzentration wirklich ‹neue› Kinder sind. Sie sind zu einem Verhalten und einer Aktivität fähig, wie sie bei Kindern gewöhnlich nicht gesehen werden. Es ist, als ob eine Verbindung mit einer inneren Kraft oder mit dem Unterbewußtsein hergestellt worden sei und dies den Aufbau der Persönlichkeit zustande bringt. Wir sehen, daß diese Kinder aktiv sind, daß sie sich selbst in einer wunderbaren Weise aufbauen. Sie schaffen den Menschen, sie sind zu Arbeit fähig, die sie vorher nicht leisten konnten. Diese Kinder sind für jeden eine Überraschung», schreibt die 1870 geborene italienische Ärztin*. Damit die Kinder zu dieser in ihnen angelegten Konzentration finden, soll man die richtige Umgebung schaffen. Man soll ihnen Spielangebote machen, mit ihnen malen oder singen, aber wann immer man entdeckt, daß sie sich versenken, darf man sie nicht stören. So hilft man ihnen, zu sich selbst zu finden.

Da ich wenig Zeit habe, mit Dir in Deinem Zimmer zu spielen, hast Du Dir etwas Praktisches ausgedacht. Du übersiedelst mit Hab und Gut immer dorthin, wo ich gerade bin – in mein Schreibzimmer, in den Salon oder – als ich krank im Bett lag – zu mir ins Schlafzimmer unter das Klavier. Der Puppenwagen ist randvoll mit dem unglaublichsten Sammelsurium an Dingen: neben den Puppen samt ihren Betten finden sich Wäscheklammern, Papierschnipsel, Puppenporzellan, eine Kindergitarre, die zum Telefonieren dient, und viele, viele Halstücher. Um den Haltegriff des Wagens ist meine Abendtasche geschlungen, darin verstaut ist der Schnuller, Kindergeld und ein kleines Pferd. Dazu kommt noch der Wäschekorb, bis oben vollgestopft mit Büchern, Buntstiften, Scheren, mit Handtüchern und Polstern und allem, was man so braucht. Er läßt sich sowohl als Umzugskarton als auch als Schlafnest benützen. Manchmal sitzt Du mit all Deinen Puppen und Tieren in diesem blauen Korb und erzählst gurrend Geschichten. Wie ein Clochard kommst Du mir vor oder ein Nomade.

Ein wichtiger Grund, warum unser Alltag so harmonisch verläuft, ist die Tatsache, daß ich sehr schnell aufgehört habe, Dir zu verbieten, in mein Arbeitszimmer zu kommen. Im Gegenteil: Ich habe Dir einen kleinen Schreibtisch neben meinen großen gestellt, Papier und Ölkreide darauf gelegt und Dir gesagt, daß Du jederzeit neben mir arbeiten oder auch spielen darfst. Manchmal muß ich Dir dann einen Stift spitzen oder Dir helfen, einer Puppe ein Kleid anzuziehen. Solch kleine Unterbrechungen machen mir nichts aus. Auch ein gewisser Lärmpegel ist erlaubt, und manchmal hilfst Du mir, Faxe abzuschicken. Hätte ich Dir verboten, bei mir im Arbeitszimmer zu sein, wäre es viel schwieriger. Du würdest Dich ausgestoßen fühlen und schreiend vor der Türe stehen, die sich im übrigen sowieso nicht gut schließen läßt.

Manchmal klappt es natürlich nicht so reibungslos: Du hast das Alleinespielen satt und kletterst zu mir auf den Schoß. Während ich telefoniere, kritzelst Du dann meinen schönen Nußholzschreibtisch voll, verlangst entschieden, auch mit dem Professor sprechen zu wollen, den ich gerade zu interviewen versuche, oder setzt Dich demonstrativ mitten auf mein aufgeschlagenes Buch und willst, daß ich Dir erkläre, was ich da gerade lese. Muß oft so lachen, weil Du umwerfende Ablenkungsmanöver erfindest, damit ich meinen Schreibbetrieb einstelle. Als freie Autorin kann man so arbeiten, doch wirklich beeindruckt war ich, als mir neulich ein Freund erzählte, daß er es mit seinen zwei Kindern ebenso macht. Er ist Unternehmensberater und Hauptemährer seiner Familie. Dennoch bringt er die Gelassenheit auf, sein Arbeitszimmer mit seinen beiden Kleinkindern zu teilen. Ich habe davor die allergrößte Hochachtung. Andererseits: Wie viele Stunden habe ich als angestellte Redakteurin mit meinen Kollegen vertrödelt, wie oft mich durch hereinschneiende freie Mitarbeiter stören lassen und um wie viel lauter geht es in jeder Redaktion zu als bei mir zu Hause.

Am Abend habe ich mir angewöhnt, für Dich Geschichten zu erfinden. Du darfst auswählen, von wem sie handeln sollen, und dann spinne ich eine Handlung um die Hunde, Katzen und Hoppas, die zwei Freundinnen, den Fisch oder die Maus. Es ist eine gute Gelegenheit, die Aufregungen des Tages, Schwierigkeiten oder Unverstandenes noch einmal aufzugreifen und abzuschließen. Manchmal sagst Du auch, daß wir «noch sprechen» sollen, und setzt eine gewichtige Miene dabei auf. Dann reden wir über gemeinsame Erlebnisse und finden Lösungen für den Streit mit Deiner Freundin, die Aufregung in der Kindergruppe, oder Du willst wissen, wie alt der oder jener ist, den wir getroffen haben.

*(In: «Wie Kinder zu Konzentration und Stille finden», Herder, Freiburg 1998, S. 49)

• • •

München, Dezember 1998

Mit Schirm, Charme und Melone

So also macht man das! So also wickelt man seinen Vater um den Finger. Du bist wirklich sehr gut, kleine Charmeurin. Ganz ausgefuchst und Dir Deiner Sache völlig sicher. Als Dein Papi heute nach Hause kam, hast Du ihn freudig begrüßt und umarmt, so wie es Deine Art ist. Dann hattest Du plötzlich ein «Stinki» in der Windel und bist triumphierend herumgelaufen und hast «Stinki, Stinki, ich hab' ein Stinki gemacht» gerufen. Und dann – ich weiß nicht, was Dich plötzlich dazu gebracht hat, die Ehre, Dich wickeln zu dürfen, Deinem Vater zu geben anstatt mir, die sonst für diese Aufgaben zuständig ist.

Nun, ich war gespannt, Dein Papi war doch gerade müde ins Sofa gesunken und schien wenig Anstalten zu machen, es in nächster Zeit wieder verlassen zu wollen. Außerdem ist er nun einmal kein begeisterter Wickler, schon gar nicht, wenn große Geschäfte zu beseitigen sind. Er ruft Dir also zu: «Das macht die Mami.» Aber siehe da, es imponiert Dir gar nicht, Du läßt nicht locker, setzt Dich mit voller Windel auf seinen Schoß und überredest ihn, nun erst für Dich zu sorgen und dann zum lustigen Abendteil überzugehen. «Erst wickeln und dann tut du mir ein Buch vorlesen, o. k.? Ja Papi. Bussi Papi» und so weiter und so fort. Immer fröhlicher und gurrender werden die Töne, die aus dem Salon an mein Ohr dringen, bald wechselt Ihr beide ins Kinderzimmer zum Wickeln und dann wieder zurück zum «Buchi lesen». Der Fernseher, die Zeitung, die wohlverdiente Ruhe nach einem stürmischen Arbeitstag, alles wird von Dir gekonnt ausgestochen.

Es gibt sie zwar, die Männer, die sich von Anfang an genauso intensiv und engagiert um ihren Säugling kümmern wie die Mutter, die mit großer Selbstverständlichkeit an Geburtsvorbereitungskursen teilnehmen, einen zerbrechlich wirkenden Säugling wickeln, baden und ihm die Flasche geben, um auch in der Stillphase das befriedigende Gefühl zu haben, Hunger stillen zu können. Ich kenne sogar zwei Männer, die ein Erziehungsjahr genommen, und solche, die ein Kind alleine großgezogen haben. Beide danken heute ihrem Schicksal, daß sie sich nicht davonstehlen konnten oder wollten, denn diese «mütterliche» Erfahrung hat sie für ihr ganzes Leben und Tun bereichert. Es gibt sie also, diese Männer, und wir lesen auch ihre Berichte über die Erfahrung mit ihrer neuen Rolle. In Wirklichkeit aber sind es noch immer wenige, die sich wirklich «mütterlich» auf ihre Kleinkinder einstellen. Ein Erziehungsjahr für den Mann ist immer noch reichlich avantgardistisch, und für viele, selbst wenn sie wollten, würde es einen Karriereknick bedeuten, den die gesamte Familie lieber nicht in Kauf nimmt. Aber auch sonst: «Weißt du, eigentlich konnte ich mit meinen Kindern erst etwas anfangen, als sie zu reden anfingen», dieses Bekenntnis hört man allzuoft, wenn man ein Kind in der Da-da-ba-ba-Phase hat.

Es ist schön, daß Du, kleines Mädchen, eine eigene

Beziehung zu Deinem Vater aufbaust. Es ist wichtig. Dein Papi gibt Dir Stärke, Selbstsicherheit und das Gefühl, daß Du Dich in der Welt durchsetzen kannst. Von ihm lernst Du, daß Du Dich gegen einen schlimmen größeren Buben besser zur Wehr setzt, als heulend bei der Mami Schutz zu suchen. Von ihm wirst Du lernen, ein Segelboot zu lenken und wie ein Gott Ski zu fahren. Er wird Dir beibringen, wie Männer sind und wie man nicht auf sie hereinfällt.

• • •

München, Januar 1999

Unbewußte und bewußte Erziehung

Du bist sprachbegabt, so scheint es, denn Du bist noch nicht einmal zweieinhalb Jahre alt und drückst Dich in ganzen, oft ziemlich komplizierten und mitunter sogar korrekten Sätzen aus. Dein Wortschatz ist umwerfend, und seit wir bei Deinen englisch sprechenden Cousins waren, entsteht in Dir auch eine Idee davon, daß man Kinderlieder auf deutsch oder englisch singen kann, daß Englisch etwas Sonderbares ist, wo man «How do you do» sagt, wozu auch immer das gut sein soll. Du fragst mich also, wie das und das auf englisch heißt. Zum Beispiel Hühnersuppe: «Und was heißt das auf englis?» willst Du wissen. «Chickensoup», antworte ich Dir, ohne zu überlegen. «Aber Mami, das glaub' ich dir nicht», sagst Du dann und machst ein Gesicht, als ob ich etwas völlig Ungehöriges gesagt hätte. Mir scheint, Dir ist einfach noch gar nicht klar, was Englisch ist, was eine fremde Sprache ist, daß das eben eine Sprache ist, die Du nicht verstehen kannst.

Ich bin ziemlich krank. Schon seit ein paar Wochen kämpfe ich gegen Bronchitis, Nasennebenhöhlenentzündung und zunehmenden Schmerzen zwischen den Rippen. Diesmal bin ich wirklich so geschwächt, daß ich mich einfach nicht mehr um Dich kümmern kann, und dabei fällt mir auf, wie mir der ganze Prozeß entgleitet. Am Abend packe ich Dich einfach mit mir zusammen ins Bett, aber auch tagsüber lungerst Du an meinem Krankenbett herum, anstatt etwas Lustiges zu unternehmen. Ansteckend bin ich nicht, aber mir fehlt die Kraft, Dich zu motivieren, Dir ein Alternativprogramm schmackhaft zu machen, Dich weg von mir zu reißen und Dir zu vermitteln, daß mit mir alles in Ordnung ist, daß ich nur ein wenig Bettruhe brauche.

Bist Du besorgt über meinen Zustand? Es scheint so, denn Du willst am liebsten nur bei mir sein und bringst alle Spielsachen in mein Krankenbett. Ich versuche, so gut es geht, mitzuspielen oder Dir ab und zu ein Buch vorzulesen, aber meistens liege ich einfach dösend da, während Du Dich mit Dir selbst beschäftigst. Vielleicht hast Du auch das Gefühl, mich beschützen zu müssen. Das ist nicht gut, denn diese Aufgabe ist viel zu groß für Dich, mein kleines großes Mädchen.

Du bist ganz besonders liebevoll und brav, aber dennoch: Um wieder zu Kräften zu kommen, brauche ich einmal vollkommene Ruhe, muß alles gänzlich loslassen, was meinen Mutter-und-Beruf-Alltag so ausmacht. Ich realisiere, wieviel «unbewußte» Erziehung eine Mutter normalerweise täglich so nebenher erledigt. Kein Wunder, daß Mütter so oft müde sind. Sie geben dem Tag ein gewisse Struktur, führen ihre Schützlinge durch Klippen und Freuden, motivieren ständig und helfen einem Kind durch tausend kleine Sätze und Gesten, aus jeder Stunde einen erfolgreichen Welteroberungsfeldzug zu machen. Gute Erziehung sieht man oft nicht.

Nichts war mir in den ersten beiden Jahren Deines Lebens wichtiger, als daß Du ein Urvertrauen entwikkeln konntest, daß Du Dich geborgen und sicher fühltest und so wenig wie möglich eingeschränkt wurdest. Wenn das gelungen ist, bin ich froh, denn dann wirst Du Dich immer zu Hause fühlen in der Welt, weil Du in Dir geborgen bist. Dann wirst Du immer einen hellen Schein am Horizont erspähen, auch wenn Du in einer noch so verzweifelten Lage bist. Dann wirst Du ein unerschütterliches Vertrauen in die Wirkung Deiner Handlungen haben und fest daran glauben, nicht sinnlos auf Erden zu sein. Dann wirst Du davon ausgehen, daß es immer irgendwo einen Menschen geben wird, der Dich bis auf den Grund Deiner Seele verstehen wird.

• • •

München, März 1999

Ich hab' dich lieb bis zu den Sternen

«Mami, hat du ein Baby im Bauch?» «Ja.» «Und wie ist es groß?» «Acht Zentimeter, mein Liebes.» «Und wie ist es Jahre alt?» «Vier Monate.» «Darf ich das Baby Bussi geben?» Aber natürlich, schau, hier im Bauch ist es drin. Es freut sich bestimmt. Weißt Du, es kann schon hören, und bestimmt spürt es, daß draußen auf der Welt eine wundervolle große Schwester auf es wartet. Was für ein Glück, mein Kind, und wie schön, daß Du meine Freude mit mir teilen kannst. Bevor Du am Abend einschläfst, willst Du oft noch einmal das Baby streicheln, und dann reden wir über die wichtigen Dinge des Lebens: etwa darüber, daß Du dem Baby weder Deine Flasche noch Deinen Schnuller abgeben wirst müssen, sondern daß wir ihm eigene Sachen kaufen werden. «Ich tut teilen», sagst Du dann manchmal mit gewichtiger Miene. «Und wann kommt es raus?» willst Du wissen. Oh, bis dahin dauert es noch, mein Kind. Zuerst muß das Baby wachsen und im Bauch zu strampeln anfangen. Dann wirst Du seine Füßchen spüren, wenn Du Deine Hand auf meinen Bauch legst. «Und wenn es rauskommt, dann kannst du mich wieder tragen?» Ja natürlich, mein Herz, antworte ich und stelle mir kurz vor, wie es sein wird, wenn ich einen Säugling und Dich herumtragen muß. O mein Gott, bestimmt wird es Engpässe geben. Hoffentlich werde ich Euch beiden gerecht. Ob es möglich ist, eine so umfassende und intensive Beziehung, wie ich sie zu Dir, mein Kind, aufgebaut habe, auch mit zwei Kindern gleichzeitig zu leben? Ist Mutterliebe teilbar? Da ich nun einmal die Älteste von fünf Geschwistern bin, wächst in mir die Vorstellung, daß Mutterliebe verdoppelbar, ja gar verdreifachbar sei. Sorge Dich nicht, mein Liebes. Du wirst sehen, wir werden uns alle gut verstehen und eine glückliche Familie sein.

Ich erzählte Deinem Kinderarzt von «unserem Baby» und davon, daß ich Dich schon in den ersten Monaten eingeweiht hatte. Ich hielt es für besser, denn die Schwangerschaft gestaltete sich kompliziert. Ich mußte zehn Tage liegen und hatte das Gefühl, daß es klüger ist, Dir den wahren Grund für Mamis Schwäche zu nennen. Der Kinderarzt teilte meine Ansicht und erklärte mir, daß kleine Kinder die Existenz eines Geschwisterchens oft schon bemerken, bevor die Mutter weiß, daß sie wieder schwanger ist; nicht bewußt natürlich, aber sie würden spüren, daß ein neues Leben in die Beziehung zwischen der Mutter und ihnen getreten ist.

Es ist eine sehr intensive Zeit für uns beide. Du bist anhänglich und unglaublich liebevoll. Ein Buch, dem Du bisher kaum Aufmerksamkeit geschenkt hast, ist für Dich plötzlich ganz wichtig geworden. «Weißt du eigentlich, wie lieb ich dich habe?» heißt es. Darin versuchen ein kleiner und ein großer Hase einander in Liebesbeweisen zu übertrumpfen. Kurz bevor dem kleinen Hasen, der eigentlich schon im Bett sein sollte, die Augen endgültig zufallen, findet er das richtige Maß für seine Zuneigung zum großen Hasen, der seine Mutter ist: «Ich hab' dich lieb bis zum Mond», sagt der kleine Hase. «Oh, das ist weit», meint Mutter Hase, küßt ihr Kind und sagt ganz leise: «Bis zum Mond und wieder zurück haben wir uns lieb.» Dieses Buch hat es Dir also angetan. Ich habe es Dir einige Male vorgelesen. Mittlerweile ist daraus unser eigenes tröstliches und nahezu allabendlich stattfindendes Ritual geworden: «Mami, ich liebe dich.» «Ich dich auch, mein Engel.» «Ich hab' dich lieb bis zum Mond.» «Ich hab' dich auch lieb bis zum Mond.» «Und bis zu den Sternen.» «O ja, auch bis zu den Sternen.» «Und bis zur Dunkelheit.» Dunkelheit, dieses schwierige Wort kennst Du bereits und weißt, daß die Sonne, wenn sie schlafen geht, von der Dunkelheit abgelöst wird. «Und bis zum Opapa und Omama Hausi.» Wie schön, daß das Haus Deiner Großeltern eine wichtige Rolle in Deinem jungen Leben spielt. «Und bis zum Meer hab' ich dich lieb.» Ja, so ist es, mein Liebling. Ich hab' Dich auch bis zum Meer lieb, und möchte bald mit Dir im warmen Wasser schwimmen und am Strand den Sand zwischen den Fingern durchrieseln lassen. In allen Dingen, die in mein Bewußtsein treten und in allem, was ich tue, ist etwas von unserer Liebe enthalten. Nun schlaf gut.

Im fünften Schwangerschaftsmonat ist das Baby gestorben. Sein Herz hat einfach zu schlagen aufgehört, und als ich Dir zum ersten Mal auf dem Ultraschallschirm der Geburtsärztin Dein Geschwisterchen zeigen wollte, war es tot. So plötzlich ist man als Mutter Teil eines Geschehens, das man nicht mitbestimmen kann, widerfährt einem das, was man Schicksal nennt, muß man trotz umfassender pränataler Diagnostik und scheinbarer Kontrolle durch die Technik die Vormacht der Natur am eigenen Leib erfahren und akzeptieren. Dir habe ich erklärt, daß das Baby zu krank war und daß jetzt der liebe Gott darauf aufpassen wird. Dich hat es beruhigt, und Du meintest: «Und wenn es wieder gesund ist, schickt er es wieder zu uns.» Weißt Du noch, was ich Dir ganz am Anfang Deines Lebens auf dieser Welt einmal gesagt habe? Du warst noch keine Woche alt, als man Dir Blut abnehmen mußte. Bloß eine Routineuntersuchung, aber für Dich die erste Schmerzerfahrung – abgesehen von der Geburt. Ich hab' schrecklich mitgelitten und Dir dann erzählt, daß das Leben eben so ist: «Ohne Schatten kein Licht, ohne Trauer kein Glück, ohne Tod kein Leben.» Damals ahnte ich noch nicht, wie hart die Wahrheit dieses Satzes ist.

Nachwort und Dank

Ich bin mir bewußt, daß die ersten beiden Lebensjahre eines Kindes nicht immer so glücklich verlaufen wie es in diesem Fall war. Mir ist in diesen zwei Jahren vieles leicht gemacht worden, um die Beziehung zu meinem Kind wirklich genießen und in all ihren Details wahrnehmen zu können. Dies möchte ich hier feststellen: Nicht alle Mütter haben das Glück, mit der Persönlichkeit ihres Kindes so von Grund auf und von Anfang an zufrieden zu sein. Oft ist der Prozeß des Sich-aneinander-Gewöhnens schwieriger. Viele Mütter können sich den Luxus nicht leisten, zwei Jahre zu Hause bei ihrem Kind zu bleiben. Viele Väter verdienen nicht so gut, daß ein gelegentliches Honorar der Mutter genug ist, um über die Runden zu kommen. Diese Lebensumstände machten es möglich, daß ich ganz zu Hause war, dennoch halbtags arbeitete und zusätzlich ein Au-pair-Mädchen bezahlen konnte. Eine gänzlich privilegierte Situation. Auch bist Du, kleine Helena, in eine stabile Familiensituation geboren worden. Um wieviel schwieriger ist es, einem Kind diese umfassende Aufmerksamkeit zukommen zu lassen, wenn die Familie auseinanderbricht oder Tod und andere Krisen die Aufmerksamkeit der Erwachsenen wesentlich in Anspruch nehmen. Was für ein Segen schließlich ist es, wenn die jeweiligen Großeltern Lust und Zeit für ihre Enkelkinder haben.

Kurzum: Es ist mir bewußt, daß auch glückliche Lebensumstände nötig sind, um die ersten zwei Lebensjahre eines Kindes so bereichert erleben zu können. Allen, die daran Anteil haben, möchte ich daher danken: Allen voran meinem Mann, dann den drei Großeltern, meinen Freundinnen und Freunden, den beiden Au-pair-Mädchen, meinem auch in seelischen Fragen so bewanderten Kinderarzt.

Was meine Tochter mir gegeben hat, dafür scheint mir ein Dank nicht auszureichen. Durch sie erlebte ich nicht nur die reichsten Jahre meines Lebens, sondern sie veränderte auch meine Sicht auf die Welt. Nichts ist wie zuvor, wenn man sich auf das Abenteuer, mit einem Kind zu wachsen, wirklich einläßt.

Abschließend gebührt mein Dank aber auch allen Geburtshelfern dieses Buches. Melissa und Christian Brandstätter haben mich durch ihre Begeisterung auf die Idee gebracht, dieses Buch zu schreiben. Lianne Kolf, meine Agentin, machte der Erstlingsautorin stets Mut, und die Zusammenarbeit mit meiner Lektorin, Sibylle Duelli, hätte nicht fruchtbarer sein können. Viele Freunde haben Teile des Manuskripts gelesen und mir mit ihrer Kritik geholfen. André Heller hat durch sein begeistertes Urteil mein Selbstvertrauen gestärkt, und Professor Remo H. Largo schließlich hat mir mit seinem Vorwort ein wunderbares Geschenk gemacht.